Workbook and Audio Activities

Glencoe Spanish 2

¡Buen viaje!

Protase E. Woodford
Conrad J. Schmitt

McGraw Hill **Glencoe**

New York, New York   Columbus, Ohio   Chicago, Illinois   Peoria, Illinois   Woodland Hills, California

Glencoe

Send all inquiries to:
Glencoe/McGraw-Hill
8787 Orion Place
Columbus, OH 43240-4027

ISBN: 0-07-861972-6

Printed in the United States of America.

11 12 13 14 079 09 08 07 06

Contents

Workbook

REPASO A

Las compras para la escuela

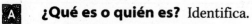

Vocabulario

A **¿Qué es o quién es?** Identifica.

1. _____   2. _____   3. _____

4. _____   5. _____   6. _____

7. _____   8. _____   9. _____

B **¿Qué hacen los alumnos?** Completa según los dibujos.

 1. Las alumnas _____

 2. Los alumnos _____

 3. Los alumnos _____

4. Los alumnos _____

 5. Las alumnas _____

6. Las alumnas _____

C   **¿Dónde están?** Indica dónde están los alumnos.

	En la escuela	En la papelería	En la tienda de ropa
1. Toman apuntes.	_____	_____	_____
2. Mira la camiseta.	_____	_____	_____
3. Toma un examen.	_____	_____	_____
4. Compra un cuaderno.	_____	_____	_____
5. Busca un blue jean.	_____	_____	_____
6. Necesita una calculadora.	_____	_____	_____

D   **Una pregunta** Completa con una palabra interrogativa.

1. El alumno va a la escuela en el bus escolar.

    a. ¿ _____ va a la escuela?

    b. ¿ _____ va el alumno?

    c. ¿ _____ va el alumno a la escuela?

2. La alumna habla con el profesor en la sala de clase a las ocho.

    a. ¿ _____ habla con el profesor?

    b. ¿Con _____ habla la alumna?

    c. ¿ _____ habla la alumna con el profesor? ¿En el bus?

    d. ¿ _____ habla la alumna con el profesor? ¿A las ocho?

3. El profesor enseña español y los alumnos estudian.

    a. ¿ _____ enseña?

    b. ¿ _____ enseña el profesor?

    c. ¿ _____ estudian?

Estructura

Presente de los verbos en -ar

 ¿Qué necesitas? Contesta según se indica.

1. ¿Qué necesitas? (una camisa de mangas cortas)

_____

2. ¿Dónde buscas la camisa? (en la tienda Olivares)

_____

3. ¿Qué talla usas? (treinta y ocho)

_____

4. ¿Compras la camisa? (sí)

_____

5. ¿Cuánto pagas? (cien pesos)

_____

B **A la escuela** Completa con el presente de los verbos indicados.

1. Los alumnos _____ a la escuela a las ocho. (llegar)

2. ¿A qué hora _____ tú a la escuela? (llegar)

3. Yo _____ el bus escolar a la escuela. (tomar)

4. ¿_____ ustedes el bus escolar también? (Tomar)

5. Nosotros _____ mucho. (estudiar)

6. La profesora _____ español. (enseñar)

7. Los alumnos _____ a la profesora y _____ apuntes. (escuchar, tomar)

8. ¿_____ tú muchos exámenes? (Tomar)

9. ¿Quiénes _____ buenas notas? (sacar)

10. ¿_____ ustedes atención en la clase? (Prestar)

Los verbos **ir, dar, estar**

C **Preguntas personales** Contesta.

1. ¿Dónde estás ahora?

_____

2. ¿Cómo vas a la escuela?

_____

3. ¿Van tus amigos en el bus escolar?

_____

4. ¿Está el/la profesora en la clase?

_____

5. ¿Da él/ella muchos exámenes?

_____

D **En la fiesta** Completa con el presente de los verbos indicados.

1. Beatriz _____ una fiesta. (dar)

2. Yo _____ a la fiesta. (ir)

3. Felipe _____ también. (ir)

4. Nosotros _____ en carro. (ir)

5. Marta y Elena _____ en la fiesta. (estar)

6. Todos nosotros _____ y _____. (bailar, cantar)

WORKBOOK
Copyright © by The McGraw-Hill Companies, Inc.

¡**Buen viaje! Level 2   Repaso A**   ∽ **R 5**

Actividades de comunicación

 Las compras para la escuela En un párrafo, escribe algunas cosas que haces antes de la apertura de clases.

_____

_____

_____

_____

B **En la escuela** En un párrafo, escribe algunas cosas que tú y tus amigos hacen en la escuela.

_____

_____

_____

_____

C **En una fiesta** En un párrafo, escriba algunas cosas que tú y tus amigos hacen en una fiesta.

_____

_____

_____

_____

REPASO B

Amigos y alumnos

Vocabulario

A   **Fernando Suárez**   Completa.

1. Fernando Suárez es de México. Él es _____.

2. Fernando es _____ en un colegio en Guadalajara.

3. Graciela es de Guadalajara también. ¿De qué _____ es ella?

4. Graciela es _____ también.

5. Graciela y Fernando son alumnos en la _____ escuela.

6. Fernando y Graciela no son hermanos. Son _____.

B   **Lupe**   Describe a la muchacha en el dibujo.

_____

_____

_____

_____

_____

_____

_____

_____

_____

_____

_____

_____

C   **Eduardo y Pedro** Describe a los muchachos en el dibujo.

_____

_____

_____

_____

_____

Estructura

Presente del verbo ser

A **Preguntas personales** Contesta.

1. ¿De qué nacionalidad eres tú?

_____

2. ¿De dónde eres?

_____

3. ¿Dónde eres alumno(a)?

_____

4. ¿Cómo son tus cursos?

_____

5. ¿Cómo son los alumnos de tu escuela?

_____

6. ¿Cómo es tu profesor(a) favorito(a)?

_____

B **¿De dónde son los alumnos?** Completa con el presente de **ser**.

1. María _____ de México.

2. ¿De dónde _____ tú, Juan?

3. Yo _____ de Puerto Rico.

4. ¿De dónde _____ Pilar y Rosa?

5. Pilar _____ de Ponce y Rosa _____ de San Juan.

6. Nosotras _____ de Puerto Rico.

7. ¿De dónde _____ ustedes?

Sustantivos, artículos y adjetivos

C   **Alumnos y profesores** Completa con **el, la, los** o **las.**

1. _____ alumnos estudian en _____ Escuela San Martín, en Buenos Aires, _____ capital

de Argentina.

2. _____ clases en _____ Colegio Ponce son en inglés y en español. _____ profesor de

inglés es _____ señor Wilson. _____ profesora de español es _____ señorita Gálvez.

D   **En el plural** Escribe en la forma plural.

1. Ella es mexicana. _____

2. El alumno es simpático. _____

3. La muchacha es rubia y alta. _____

4. La asignatura es interesante. _____

5. El curso es fácil. _____

Actividades de comunicación

A   **Mi amigo(a) bueno** En un párrafo, describe a un(a) amigo(a) bueno(a).

_____

_____

_____

_____

B   **Mis clases** En un párrafo, escribe de tus cursos.

_____

_____

_____

_____

REPASO C

La familia

Vocabulario

A **La casa** Identifica.

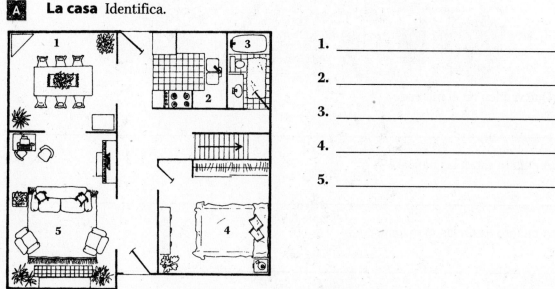

1. _____

2. _____

3. _____

4. _____

5. _____

B **La familia Solano** Describe a la familia en el dibujo.

_____

_____

_____

_____

C   **En el mercado** Contesta según el dibujo.

1. ¿Qué venden en el mercado?

_____

2. ¿A cuánto están las papas?

_____

3. ¿A cuánto están las manzanas?

_____

4. ¿Qué compra la señora?

_____

D   **Categorías** Completa cada categoría.

1. tres cosas que comes

_____

2. tres cosas que bebes

_____

3. tres cosas que lees

_____

Estructura

Presente de los verbos en -er e -ir

A **¿Dónde comen todos?** Completa con el presente de **comer.**

1. Mi amigo _____ en la cafetería de la escuela.

2. Yo _____ en el café.

3. Mis padres _____ en el restaurante.

4. ¿ _____ tú en el comedor o en la cocina?

5. Nosotros _____ en el comedor.

6. Y ustedes, ¿dónde _____?

B **¿Dónde viven todos?** Completa con el presente de **vivir.**

1. Yo _____ en la calle Bolívar.

2. Nosotros _____ en una casa.

3. Mis abuelos _____ en la misma casa.

4. Mi amigo _____ en una casa en la misma calle.

5. Mi hermana _____ en un apartamento.

6. ¿Dónde _____ tú?

WORKBOOK
Copyright © by The McGraw-Hill Companies, Inc.

¡**Buen viaje! Level 2   Repaso C**   **R 13**

C **Preguntas** Contesta según se indica.

1. ¿Qué comes en la cafetería de tu escuela? (pollo y ensalada)

_____

2. ¿Qué beben tú y tus amigos cuando están en un café? (refrescos)

_____

3. ¿Qué leen ustedes cuando están en el café? (el menú)

_____

4. ¿Quién escribe la orden? (el mesero)

_____

5. ¿Qué aprendes en la escuela? (español)

_____

6. En la clase de español, ¿leen ustedes mucho? (sí)

_____

7. ¿Qué escriben los alumnos en la clase de español? (composiciones)

_____

8. ¿Comprendes al profesor o a la profesora cuando él o ella habla? (sí)

_____

El verbo tener

D **Mi familia** Completa con el presente de **tener.**

1. Mi familia _____ una casa muy grande en San José, Costa Rica.

2. La casa _____ ocho cuartos.

3. También hay un garaje porque mis padres _____ dos carros.

4. Yo _____ un hermano y una hermana.

5. Mi hermana Susana _____ quince años y mi hermano David

   _____ trece años.

6. Nosotros también _____ dos gatos adorables.

7. ¿Tú _____ un gato?

8. ¿ _____ ustedes una casa o un apartamento?

E **¿Cómo es tu familia?** Contesta.

1. ¿Tienes un hermano o una hermana?

   _____

2. ¿Cuántos años tiene él o ella?

   _____

3. ¿Y cuántos años tienes tú?

   _____

4. ¿Tienes un perro o un gato?

   _____

5. En tu casa, ¿quién tiene que preparar la comida?

   _____

6. ¿Tienes que trabajar mucho en la escuela?

   _____

7. ¿Qué tienen ustedes que leer en la clase de español?

   _____

WORKBOOK
Copyright © by The McGraw-Hill Companies, Inc.

¡Buen viaje! Level 2 Repaso C **R 15**

Adjetivos posesivos

F   **¿Quién tiene mis cosas?** Completa las conversaciones según el modelo.

> **los libros**
> **Pablo, ¿tienes tú mis libros?**
> **No, no tengo tus libros.**

1. la bicicleta

Jorge, _____

_____

2. las revistas

Sara, _____

_____

3. el periódico

Pepe, _____

_____

4. los discos

Lupe, _____

_____

G **¿Cómo son?** Escribe frases según el modelo.

> **el padre de Sonia / generoso**
> **Su padre es generoso.**

1. el primo de Sonia / simpático

_____

2. la amiga de Sonia / tímida

_____

3. el profesor de Sonia y Eduardo / bueno

_____

4. la abuela de Sonia y José / fantástica

_____

5. los tíos de Sonia y José / serios

_____

H **Nuestra escuela** Completa con la forma apropiada de **nuestro**.

1. _____ escuela está en la calle Potosí.

2. En general, _____ profesores son simpáticos.

3. _____ clases no son difíciles.

4. _____ cursos son bastante interesantes.

5. _____ Club de español da muchas fiestas.

WORKBOOK
Copyright © by The McGraw-Hill Companies, Inc.

¡Buen viaje! Level 2   Repaso C   **R 17**

Actividades de comunicación

A   **Mi familia** En un párrafo, describe a tu familia.

_____

_____

_____

_____

_____

B   **Mi casa** En un párrafo, describe tu casa o apartamento.

_____

_____

_____

_____

_____

REPASO D

Los deportes

Vocabulario

A **¿Qué necesitas para jugar?** Identifica.

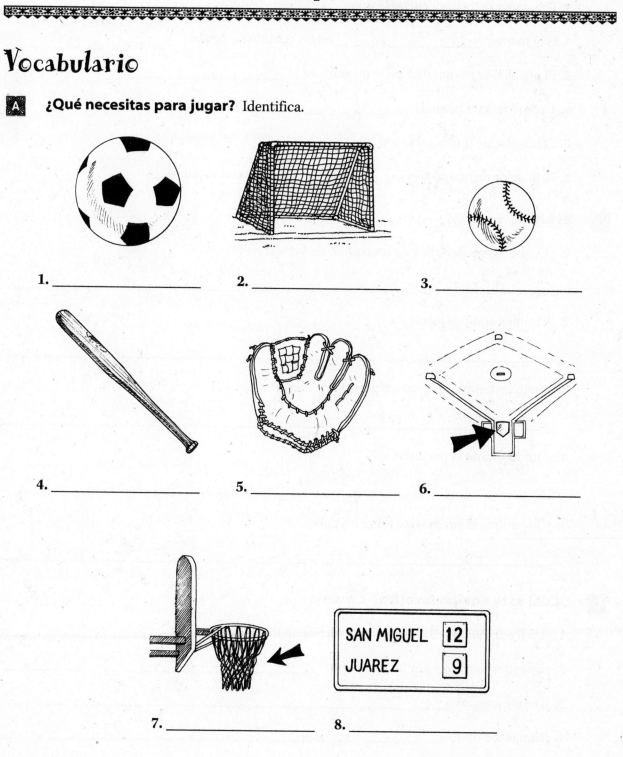

1. _____

2. _____

3. _____

4. _____

5. _____

6. _____

7. _____

8. _____

WORKBOOK
Copyright © by The McGraw-Hill Companies, Inc.

¡Buen viaje! Level 2 Repaso D ∽ **R 19**

B **Los deportes** Completa.

1. El portero para el _____. No entra en la portería.

2. Hay cinco jugadores en un equipo de _____.

3. El jugador de béisbol corre de una _____ a otra.

4. Hay nueve _____ en un partido de béisbol.

5. El jugador de básquetbol mete el balón en el _____.

6. La jugadora de béisbol _____ la pelota con el guante.

7. El jugador de fútbol mete un _____. Marca un tanto.

8. El jugador de básquetbol _____ con el balón.

C **El fútbol** Contesta.

1. ¿Cuántos jugadores hay en un equipo de fútbol?

_____

2. ¿Cuántos equipos juegan?

_____

3. ¿Cuántos tiempos hay en un partido de fúbol?

_____

4. ¿Quién guarda la portería?

_____

5. ¿Qué marca el equipo que mete un gol?

_____

D **¿Cuál es tu equipo favorito?** Contesta.

1. ¿Cuál es tu equipo de béisbol (fútbol, básquetbol) favorito? _____

2. ¿Cuántos jugadores hay en el equipo? _____

3. ¿Dónde juegan? _____

4. ¿Ganan siempre? _____

Estructura

Verbos de cambio radical

A **Un partido** Completa con el presente del verbo indicado.

1. El partido de fútbol _____ a las siete y media. (empezar)

2. Yo no _____ llegar tarde al estadio. (querer)

3. ¿ _____ tú llegar a tiempo? (Poder)

4. Los jugadores _____ muy bien. (jugar)

5. El equipo _____ al campo para jugar el segundo tiempo. (volver)

6. Un jugador _____ meter un gol pero no _____.
(querer, poder)

7. El equipo no _____. (perder)

8. Nosotros _____ a casa. (volver)

9. ¿ _____ ustedes ir con nosotros o tomar el bus? (Preferir)

B **Yo solamente** Escribe en la forma singular (**yo**).

1. Nosotros podemos ir al campo de fútbol.

_____

2. Nosotros preferimos ir a pie.

_____

3. Nosotros queremos jugar.

_____

4. Nosotros jugamos.

_____

5. Nosotros no perdemos.

_____

6. Nosotros volvemos en bus.

_____

WORKBOOK
Copyright © by The McGraw-Hill Companies, Inc.

¡**Buen viaje! Level 2 Repaso D** ⌒ **R 21**

C **Quiero pero no puedo.** Escribe dos cosas que quieres hacer pero no puedes porque tienes que hacer otra cosa.

1. _____

_____

2. _____

_____

D **Queremos pero no podemos.** Escribe las frases de la Actividad C en la forma plural (nosotros).

1. _____

_____

2. _____

_____

Verbos como **aburrir, interesar** y **gustar**

E **¿Te gusta o no?** Completa con el presente de los verbos indicados.

ANTONIO: ¿Quieres ir a ver el partido de básquetbol?

MARTA: No, gracias, Antonio, no _____ el básquetbol. (gustar)
                                          1

ANTONIO: ¿ _____ el fútbol? (gustar)
              2

MARTA: No, Antonio. No _____ el fútbol. (interesar)
                              3

ANTONIO: ¿Por qué no _____ los deportes? (gustar)
                            4

MARTA: Los deportes _____. (aburrir)
                            5

ANTONIO: Entonces, ¿qué _____ hacer? (gustar)
                              6

MARTA: _____ leer. _____ mucho la literatura.
                  7   8

(gustar, interesar)

F   **¿Te interesa o te aburre?** Escribe si te interesa o te aburre lo siguiente.

1. los deportes

_____

2. el arte

_____

3. jugar al béisbol

_____

4. la informática

_____

5. leer revistas

_____

6. las fiestas

_____

7. la historia

_____

8. ver partidos de fútbol

_____

Actividades de comunicación

A **Mi deporte favorito** En un párrafo, describe tu deporte favorito.

_____

_____

_____

_____

_____

B **Mis gustos** En un párrafo, describe las cosas que te gustan y las actividades que te gusta hacer.

_____

_____

_____

_____

_____

REPASO E

Un viaje en avión

Vocabulario

A **En el aeropuerto** Describe el dibujo.

_____

_____

_____

_____

_____

_____

_____

_____

_____

_____

WORKBOOK
Copyright © by The McGraw-Hill Companies, Inc.

¡Buen viaje! Level 2 **Repaso E** ∾ **R 25**

B **Definiciones** Parea.

1. _____ las personas que hacen un viaje en avión

2. _____ la persona que revisa los boletos

3. _____ un vuelo que va a un país extranjero

4. _____ los empleados que trabajan a bordo del avión

5. _____ la persona que sirve a los pasajeros
   a bordo del avión

6. _____ el lugar donde toman rayos equis del equipaje

a. un vuelo internacional
b. la tripulación
c. los pasajeros
d. el control de seguridad
e. el/la agente de la línea aérea
f. el/la asistente de vuelo

C **Un viaje en avión** Completa con una palabra apropiada.

1. Marisa _____ un viaje en avión.

2. Ella trae bastante _____ de mano.

3. Cuando llega al aeropuerto, el agente _____ su boleto y mira su

   _____ .

4. Su vuelo con _____ a México sale de la

   _____ once.

5. Marisa tiene que pasar por el _____ .

6. A bordo del avión, ella _____ su equipaje debajo del

   _____ .

Estructura

Presente de algunos verbos irregulares

A **Un viaje** Escribe el párrafo cambiando **mis amigos** en **yo.**

Mis amigos hacen un viaje en avión a Chile. Primero hacen las maletas. Ponen mucha ropa en las maletas. Traen mucho equipaje. Salen para el aeropuerto en taxi. A bordo del avión ponen el equipaje de mano debajo del asiento.

_____

_____

_____

_____

_____

_____

_____

_____

_____

_____

_____

_____

_____

WORKBOOK
Copyright © by The McGraw-Hill Companies, Inc.

¡**Buen viaje! Level 2 Repaso E** ∽ **R 27**

B **Al aeropuerto** Completa con el presente del verbo indicado.

1. Pedro _____ una viaje a Torremolinos en España. (hacer)

2. Él y su hermano _____ las maletas. (hacer)

3. Ellos _____ su ropa en las maletas. (poner)

4. ¿Tú _____ mucha ropa en tu maleta? (poner)

5. ¿_____ ustedes mucho equipaje? (Traer)

6. Yo _____ una maleta y una mochila. (traer)

7. Nosotros _____ para el aeropuerto en taxi. (salir)

8. El vuelo _____ a tiempo. (salir)

C **El viaje de Rosita** Completa con la forma apropiada de **saber** o **conocer.**

JULIÁN: Carlos, ¿_____ a Rosita?
                                   1

CARLOS: Claro que _____ a Rosita. Ella y yo somos muy buenos
                                   2
amigos.

JULIÁN: Pues, ¿ _____ tú que ella va a Miami?
                                   3

CARLOS: No, yo no _____ nada de su viaje.
                                   4

JULIÁN: ¿Rosita _____ Miami?
                                   5

CARLOS: No, pero sus padres _____ a mucha gente allí.
                                                    6

JULIÁN: ¿Su familia _____ hablar inglés?
                                   7

CARLOS: Sí, ellos _____ hablar bastante bien.
                                   8

Nombre _____ Fecha _____

El presente progresivo

D **¿Qué están haciendo todos?** Contesta según el modelo.

¿Qué estás haciendo? **(llamar un taxi)**

Estoy llamando un taxi.

1. ¿Qué están haciendo los pasajeros? (esperar el avión)

   _____

   _____

2. ¿Qué está haciendo el agente? (abrir las maletas)

   _____

   _____

3. ¿Qué estás haciendo tú? (escribir una carta)

   _____

   _____

4. ¿Qué estoy haciendo? (hablar mucho)

   _____

   _____

5. ¿Qué están haciendo ustedes? (poner el equipaje debajo del asiento)

   _____

   _____

6. ¿Qué está haciendo el agente? (anunciar la salida del vuelo)

   _____

   _____

7. ¿Qué estás haciendo tú? (pasar por el control de seguridad)

   _____

   _____

8. ¿Qué están haciendo ustedes? (salir para México)

   _____

   _____

WORKBOOK
Copyright © by The McGraw-Hill Companies, Inc.

¡Buen viaje! Level 2 Repaso E **R 29**

Actividades de comunicación

 Un viaje   En un párrafo, describe un viaje que quieres hacer.

_____

_____

_____

_____

_____

B **¿Qué están haciendo?**   En un párrafo, describe lo que tú y otras personas (parientes, amigos, compañeros) están haciendo ahora.

_____

_____

_____

_____

_____

_____

REPASO F

La rutina y la salud

Vocabulario

A **La rutina de José** Describe la rutina de José según los dibujos.

1. _____

   _____

2. _____

   _____

3. _____

   _____

4. _____

   _____

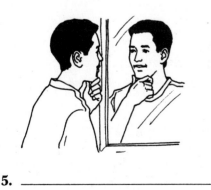

5. _____

   _____

6. _____

   _____

B **La higiene** Completa con una palabra apropiada.

1. El joven tiene un peine. Él se _____ .

2. El joven se afeita con una _____ .

3. La joven se lava las _____ antes de comer.

4. La joven se cepilla los _____ después de comer.

5. El joven necesita _____ para lavarse el pelo.

6. La joven necesita una barra de _____ para tomar una ducha.

7. Después de lavarse o tomar una ducha, el joven se pone la _____ .

C **¿Cómo están?** Indica cómo está cada persona. Usa **enfermo(a), cansado(a)** o **contento(a).**

1. Carlos tiene fiebre. _____

2. Isabel quiere dormir. _____

3. Julia recibe una A en historia. _____

4. Gabriel no duerme bien. _____

5. Elena tiene dolor de garganta. _____

6. Andrés gana el partido. _____

D **La salud** Completa las frases con una palabra apropiada.

1. Una persona que tiene la temperatura elevada tiene _____ .

2. Cuando uno está _____ no tiene mucha energía.

3. Una persona que está muy enferma tiene que ir al _____ .

4. El médico examina a los pacientes en la _____ .

5. Una persona que no se siente bien y que tiene la gripe debe guardar

   _____ .

6. Si tienes _____ puedes tomar una aspirina.

Estructura

Ser y estar

A **¿Cómo es? ¿Cómo está?**   Completa con **ser** o **estar**.

1. Roberto _____ de Cali, Colombia, pero ahora

   _____ en Miami.

2. Yo _____ muy cansada hoy. Voy a dormir diez horas.

3. Tú _____ española, ¿no?

4. Nosotros _____ muy enfermos. Tenemos la gripe.

5. Lola y Elisa _____ muy simpáticas.

6. ¿De dónde _____ ustedes?

7. ¿Qué pasa? Los alumnos _____ muy aburridos hoy.

8. Yo _____ alumno en el Colegio Bolívar. Ahora

   _____ en la clase de inglés.

B **Una carta**   Completa con **ser** o **estar**.

Hola Juana:

¿Cómo _____(1)? Yo _____(2) muy bien.
Yo _____(3) Mercedes Picado. _____(4) de
Costa Rica. Vivo en un apartamento en San
José, la capital. Mi apartamento _____(5) muy
grande y moderno. Mi apartamento _____(6)
en el segundo piso. Mi edificio no _____(7)
muy alto. Tiene cuatro pisos solamente. Mi
familia no _____(8) muy grande. Nosotros
_____(9) cuatro: mis padres, mi hermana y yo.
Y tu familia, Juana, ¿_____(10) grande o
pequeña? Escríbeme pronto,

Mercedes

WORKBOOK
Copyright © by The McGraw-Hill Companies, Inc.

¡Buen viaje! Level 2 Repaso F   **R 33**

Verbos reflexivos

C **Preguntas personales**   Contesta.

1. ¿A qué hora te levantas?

   _____

2. ¿Te lavas la cara todos los días?

   _____

3. ¿Te miras en el espejo cuando te peinas?

   _____

4. ¿Te cepillas los dientes antes o después de comer?

   _____

5. ¿Te desayunas en casa o en la escuela?

   _____

6. ¿A qué hora te acuestas?

   _____

7. Cuando te acuestas, ¿te duermes enseguida?

   _____

D **Nosotros también**   Escribe las respuestas de la Actividad C con **nosotros**.

1. _____

2. _____

3. _____

4. _____

5. _____

6. _____

7. _____

E **La rutina** Completa con el presente del verbo indicado.

1. Mi hermana _____ a las siete. (despertarse)

2. Yo _____ después. (levantarse)

3. Y tú, ¿a qué hora _____ ? (despertarse)

4. Cuando mis hermanas _____ siempre

   _____ en el espejo. (peinarse, mirarse)

5. Nosotros _____ los dientes después de cada comida. (cepillarse)

6. Yo _____ en casa, pero mis hermanas

   _____ en un café. (desayunarse, desayunarse)

7. ¿A qué hora _____ ustedes? (acostarse)

8. Nosotras _____ a las once y _____ en
   seguida. (acostarse, dormirse)

Actividades de comunicación

A **Cuando estoy enfermo(a)** En un párrafo, escribe lo que haces cuando estás enfermo(a).

_____

_____

_____

_____

_____

_____

_____

_____

_____

_____

WORKBOOK
Copyright © by The McGraw-Hill Companies, Inc.

¡**Buen viaje! Level 2 Repaso F** ∾ **R 35**

B **Mi rutina**   En un párrafo, describe tu rutina.

_____

_____

_____

_____

_____

_____

_____

_____

_____

REPASO G

El verano y el invierno

Vocabulario

A **El verano** Escoge la respuesta correcta para completar cada frase.

1. Los amigos pasaron _____ en la playa.
   a. el año escolar
   b. el fin de semana
   c. sus vacaciones de invierno

2. Ellos nadaron en _____ .
   a. la arena
   b. la loción
   c. el mar

3. _____ tiene olas.
   a. La arena
   b. El mar
   c. La piscina

4. Tomás llevó _____ para protegerse los ojos.
   a. unos anteojos de sol
   b. un bañador
   c. una toalla playera

5. Elena esquió _____ .
   a. en el agua
   b. en la piscina
   c. en la playa

B **Vamos a esquiar.**   Describe el dibujo.

_____

_____

_____

_____

_____

_____

_____

C **Actividades de verano**   Contesta.

1. ¿Qué te gusta hacer en la playa?

_____

2. ¿Dónde te gusta nadar más, en el mar o en la piscina?

_____

3. ¿Te gusta jugar tenis?

_____

4. ¿Hay una cancha de tenis cerca de tu casa?

_____

5. ¿Qué necesitas para jugar tenis?

_____

Estructura

El pretérito

A **El verano pasado** Escribe las frases en el pretérito.

1. Mis amigos y yo pasamos el fin de semana en la playa.

_____

2. Yo tomo el sol.

_____

3. Raúl nada en el mar.

_____

4. María y Eva usan crema protectora.

_____

5. ¿Esquían ustedes en el agua?

_____

6. Volvemos a casa a las cinco.

_____

7. Vamos a un restaurante español.

_____

8. Yo como mariscos.

_____

9. Todos mis amigos les escriben tarjetas postales a sus parientes.

_____

WORKBOOK
Copyright © by The McGraw-Hill Companies, Inc.

¡Buen viaje! Level 2 Repaso G ⤫ **R 39**

B **¿Adónde fueron?** Completa con la forma apropriada del pretérito de **ir.**

1. Yo _____ a la piscina.

2. Mis amigos _____ a la playa.

3. ¿Tú _____ a las montañas?

4. Mis padres _____ a la cancha de tenis.

5. Después nosotros _____ a un restaurante.

6. ¿Y ustedes, adónde _____?

Los pronombres de complemento

C **Una fiesta** Contesta con pronombres.

1. ¿Te habló Eduardo de la fiesta?

   _____

2. ¿Te invitó a la fiesta?

   _____

3. ¿Te llamó por teléfono?

   _____

4. ¿Aceptaste la invitación?

   _____

5. ¿Le compraste un regalo?

   _____

6. ¿Dónde compraste el regalo?

   _____

7. ¿Qué le compraste?

   _____

D **¿Tienes todo?** Contesta con pronombres según el modelo.

¿Tienes la raqueta?
Sí, la tengo.

1. ¿Tienes las toallas? _____

2. ¿Tienes el bañador? _____

3. ¿Tienes los anteojos de sol? _____

4. ¿Tienes las pelotas? _____

5. ¿Tienes el boleto? _____

6. ¿Tienes la crema protectora? _____

E **En la consulta** Completa con **le** o **les**.

Luis va a la consulta del doctor Aguirre. Él _____ habla al médico. El

                                                1

doctor Aguirre _____ pregunta cómo se siente. Luis

                              2

_____ contesta que no se siente bien. El médico lo examina y

                          3

_____ da una receta. Más tarde el doctor Aguirre

                          4

_____ habla a los padres de Luis y _____

                          5   6

explica que Luis tiene la gripe.

Actividades de comunicación

A **Un día típico** Describe un día típico de verano.

_____

_____

_____

_____

_____

_____

_____

B **Un día típico** Describe un día típico de invierno.

_____

_____

_____

_____

C **En el verano** Escribe una lista de actividades típicas de verano.

_____

_____

_____

_____

D **En el invierno** Escribe una lista de actividades típicas de verano.

_____

_____

_____

_____

E **Mi estación favorita** En un párrafo, escribe si prefieres el verano o el invierno. Explica por qué.

_____

_____

_____

_____

_____

_____

Capítulo 1

Un viaje en tren

Vocabulario PALABRAS 1

A ¿Qué es o quién es? Identify each item or person.

1. _____

2. _____

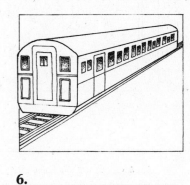

3. _____

4. _____

5. _____

6. _____

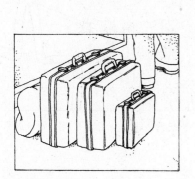

7. _____

8. _____

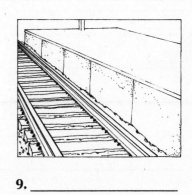

9. _____

B **En el andén** Write a paragraph describing the illustrations.

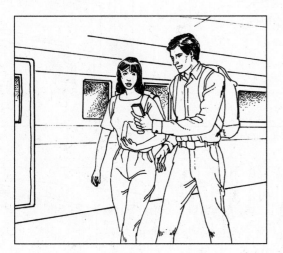

_____

_____

_____

_____

_____

_____

_____

_____

_____

_____

Vocabulario   PALABRAS 2

C **Lo contrario** Match the word or expression in the left-hand column with its opposite in the right-hand column.

1. _____ subir al tren   **a.** tarde

2. _____ libre   **b.** bajar del tren

3. _____ a tiempo   **c.** el billete sencillo

4. _____ el billete de ida y vuelta   **d.** la llegada

5. _____ la salida   **e.** ocupado

D **El sinónimo** Match the word or expression in the left-hand column with a word or expression that means the same in the right-hand column.

1. _____ el mozo   **a.** la boletería

2. _____ la ventanilla   **b.** cambiar de tren

3. _____ el vagón   **c.** con una demora

4. _____ el billete   **d.** el maletero

5. _____ transbordar   **e.** el boleto

6. _____ con retraso   **f.** el coche

E **Frases originales** Make up a sentence according to each illustration.

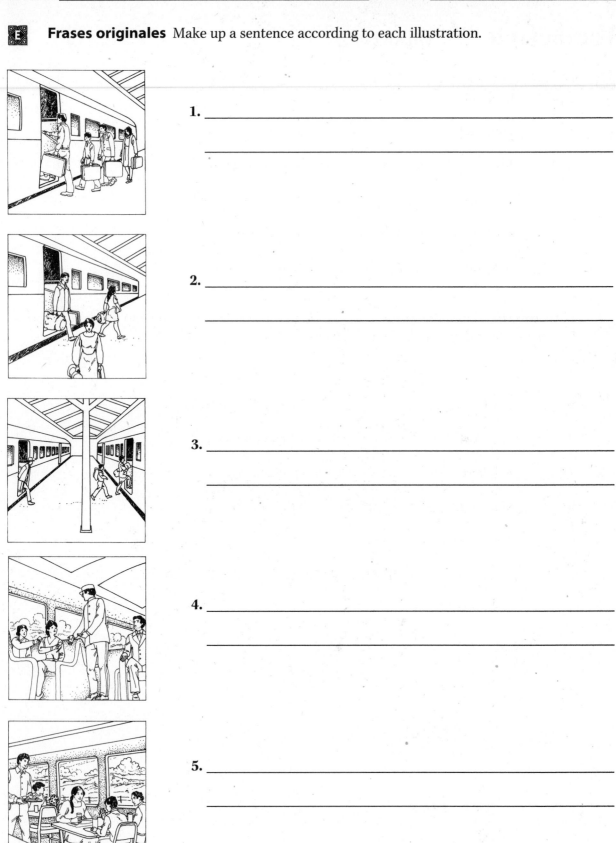

1. _____

_____

2. _____

_____

3. _____

_____

4. _____

_____

5. _____

_____

WORKBOOK

Estructura

Hacer, querer y venir en el pretérito

 En el pasado Rewrite each sentence in the preterite.

1. No lo quiero hacer.

_____

2. No lo hago.

_____

3. No vengo.

_____

4. ¿Por qué no lo quieres hacer?

_____

5. ¿Ustedes no lo hacen?

_____

6. ¿Por qué no vienen?

_____

7. Nosotros lo hacemos a tiempo.

_____

Verbos irregulares en el pretérito

B **Un accidente, pero no serio** Complete each sentence with the correct preterite form of the verb(s) in parentheses.

1. Unos cien pasajeros _____ a bordo del tren cuando

_____ lugar (ocurrió) el accidente. (estar, tener)

2. Nosotros no _____ nada del accidente. (saber)

3. Como ustedes no _____ nada, no _____ hacer nada, ¿verdad? (saber, poder)

4. Exactamente. Pero cuando ellos no llegaron a mi casa, yo _____ una llamada telefónica. (hacer)

5. Pero yo _____ que esperar mucho tiempo para saber algo porque nadie contestó el (al) teléfono. (tener)

C **Un viaje por España** Complete each sentence with the correct preterite form of the verb(s) in parentheses.

1. Ellos _____ un viaje a España. (hacer)

2. Ellos _____ por todo el país. (andar)

3. Desgraciadamente no _____ ir a Galicia en el noroeste porque no

_____ bastante tiempo. (poder, tener)

4. Ellos _____ casi un mes entero en Andalucía, en el sur. (estar)

D **El tren** Rewrite each sentence in the preterite.

1. Yo hago un viaje con mi hermana.

_____

2. Hacemos el viaje en tren.

_____

3. No queremos hacer el viaje en coche.

_____

4. El tren está completo.

_____

5. Nosotros no podemos encontrar un asiento libre.

_____

6. Nosotros estamos de pie en el pasillo.

_____

7. Nosotros tenemos que transbordar en Segovia.

_____

8. Podemos encontrar un asiento libre en el otro tren.

_____

9. Estamos muy cómodos en este tren.

_____

E **En el pasado** Rewrite the sentences in the past.

1. No lo hago porque no lo quiero hacer.

_____

2. Y él no lo hace porque no lo puede hacer.

_____

3. Ellos no vienen porque no tienen el carro.

_____

4. Él no sabe nada porque nadie le quiere hablar.

_____

5. No puedes porque no quieres.

_____

6. No estamos porque tenemos que hacer otra cosa.

_____

F **¿Qué dices?** Complete each sentence with the correct form of the present tense of the verb **decir.**

1. Yo _____ que vamos a ir a Sevilla.

2. Y él _____ que vamos a tomar el AVE—el tren rápido.

3. Todos ellos nos _____ que Sevilla es una maravilla.

4. Nosotros les _____ que nos va a ser un placer tener la oportunidad de visitar a Sevilla.

5. Teresa _____ que quiere estudiar en Sevilla.

6. Yo le _____ que hay muchas escuelas buenas en Sevilla para aprender el español.

Un poco màs

A **Un horario** Look at the following schedule for trains between Madrid and Málaga.

HORARIOS

MADRID Puerta de Atocha
MALAGA

	LLANO	VALLE	LLANO	LLANO	VALLE
NUMERO DE TREN	9120	9124	9130	9136	9140
OBSERVACIONES			(##)	(#)	(1)
DIAS DE CIRCULACION	LMXJVSD	LMXJVS•	LMXJVSD	LMXJV•D	••••V•D
MADRID Puerta de Atocha	10:05	12:30	*15:05	18:30	*20:40
CIUDAD REAL	11:06	13:30	-	19:30	-
PUERTOLLANO	*11:23	*13:46	-	19:46	-
CORDOBA	12:16	14:33	17:03	*20:35	-
MONTILLA (*)	12:49	-	-	21:18	-
PUENTE GENIL (*)	13:12	-	-	21:38	-
BOBADILLA (*)	13:41	16:05	18:30	22:08	-
MALAGA	14:30	16:55	19:20	23:00	00:35
TORREMOLINOS	-	-	20:01	23:31	-
FUENGIROLA	-	-	20:25	23:45	-

RESTAURACION

TIPO DE RESTAURACION

DESAYUNO   SNACK   ALMUERZO   CENA

* El servicio de restauración en el asiento se realiza únicamente entre las estaciones señaladas.

MALAGA
MADRID Puerta de Atocha

	VALLE	LLANO	LLANO	LLANO	LLANO	LLANO	VALLE
NUMERO DE TREN	9113	9119	9127	9131	9135	9139	9143
OBSERVACIONES	(2)		(3)		(4)	(5)	(5)
DIAS DE CIRCULACION	LMXJV••	LMXJVSD	••••••D	LMXJVSD	LMXJV•D	••••••D	••••••D
FUENGIROLA	-	08:30	-	-	-	-	-
TORREMOLINOS	-	08:48	-	-	-	-	-
MALAGA	06:45	09:30	12:55	15:40	17:50	19:25	*21:05
BOBADILLA	07:30	10:16	*13:41	16:23	18:45	20:09	-
PUENTE GENIL	-	10:44	-	-	19:12	20:38	-
MONTILLA	-	11:05	-	-	19:31	20:56	-
CORDOBA	*08:53	*11:46	15:08	*17:44	20:13	*21:46	-
PUERTOLLANO	-	12:35	-	-	-	22:34	-
CIUDAD REAL	-	12:52	-	-	21:16	22:51	-
MADRID Puerta de Atocha	10:55	13:55	17:10	19:40	22:15	23:50	01:10

RESTAURACION   RESTAURACION

OBSERVACIONES:
(1) Circula el 30 de Abril y el 14 de Mayo. No circula el 1 ni el 15 de Mayo.
(2) No circula el 1 y 6 de Enero, ni el 10 de Abril.
(3) Circula el 6 de Enero y el 30 de Abril.
(4) Circula el 11 de Abril.
(5) Circula el 6 de Enero y el 11 de Abril. No circula el 4 de Enero.
(#) Entre Málaga y Fuengirola circula sólo los viernes y domingos.
(##) Entre Málaga y Fuengirola no circula los domingos.
(*) Montilla, Puente Genil y Bobadilla no admiten viajeros en el sentido Madrid-Málaga.

B **Información** Answer the questions according to the train schedule in Activity A.

1. ¿De qué estación en Madrid salen los trenes? _____

2. ¿A qué hora sale el primer tren de la mañana para Málaga? _____

3. ¿Y a qué hora sale el primer tren de Málaga para Madrid? _____

4. ¿A qué hora llega el primer tren a Málaga? _____

5. ¿Cuántas paradas hace el tren número 9136 entre Madrid y Málaga? _____

6. Hay un tren que no hace ninguna parada entre Málaga y Madrid. ¿A qué hora sale de

   Málaga el tren? _____

C   **El billete** Look at the train ticket.


```
71   N.º D 239863              BILLETE + RESERVA    |EL|  0094  U5PA2010
                                                          00000000  2660
LARGO RECORRIDO
RENFE
C.I.F.: G-28016749
201012226593   40117                                              20:41
```

DE ——————→ A	CLASE	FECHA	HORA SALIDA	TIPO DE TREN	COCHE	N.º PLAZA	DEPARTAMENTO	N.º TREN
CHAMARTIN A CORUNA	C	23.05	21.45	ESTRELL	0041	045A	DOBLE	00851
HORA DE LLEGADA-->:			08.45			CLIMATIZ.	FAMILIA	

Tarifa   010 TARIFA GENERAL -TG- 044
Forma de pago   METALICO   Euros ***107,00

Incluido S.O.V. e I.V.A.

PROHIBIDO FUMAR FUERA DE LA ZONA RESERVADA / **CONSERVESE HASTA EL FINAL DEL VIAJE**

D   **El tren** Answer the questions according to the information on the train ticket in Activity C.

1. ¿Es un billete para un tren de largo recorrido o para un tren de cercanías?

   _____

2. ¿De qué estación en Madrid sale el tren? _____

3. ¿A qué hora sale de Madrid? _____

4. ¿A qué hora llega a La Coruña? _____

5. ¿Para qué día es el billete? _____

6. ¿Cuánto costó el billete? _____

E   **Preguntas** Answer according to the information on the ticket in Activity C.

1. Something on the ticket indicates that the train is air-conditioned. What is it?

   _____

2. The ticket indicates that the form of payment was _____.

   What does **metálico** refer to? _____

Nombre _____ Fecha _____

F **Transportes** Read the following information about transportation in Madrid.

G **¿Sí o no?** Indicate whether the following statements are true or false according to the information in Activity F. Write **sí** or **no.**

1. _____ Hay tres grandes estaciones de ferrocarril en Madrid.

2. _____ El AVE sale de la estación de Atocha.

3. _____ En Madrid hay numerosas líneas de autobuses urbanos.

4. _____ El metro va a muy pocas regiones de la ciudad.

5. _____ El precio del billete del autobús es el mismo que el precio del billete del metro.

6. _____ El aeropuerto internacional de Madrid se llama Barajas.

7. _____ El aeropuerto de Barajas está al norte de la ciudad de Madrid.

Mi autobiografía

Do you ever travel by train? If so, tell about one of your train trips. If you have never taken a train trip, imagine you are traveling by train through Spain. Write about your trip. Make up as much information as you can.

Mi autobiografía

Capítulo 2

En el restaurante

Vocabulario   PALABRAS 1

A **¿Qué es o quién es?** Identify each item or person.

1. _____

2. _____

3. _____

4. _____

5. _____

B   **¿Qué es?** Identify each item.

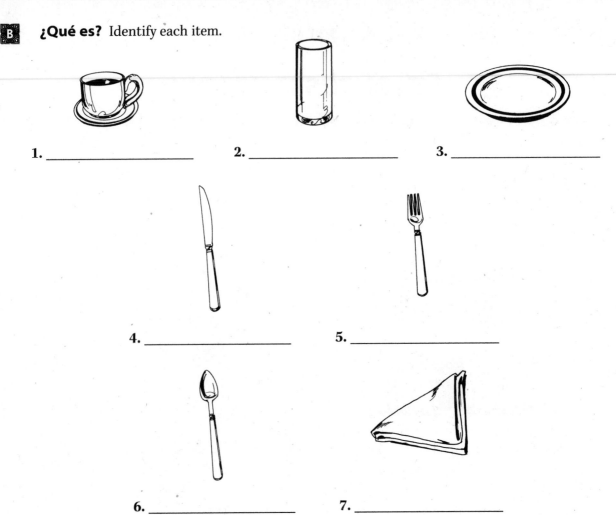

1. _____   2. _____   3. _____

4. _____   5. _____

6. _____   7. _____

C   **Vamos a comer.** Answer the following questions.

1. ¿Qué quieres hacer cuando tienes hambre?

_____

2. Y cuando tienes sed, ¿qué quieres hacer?

_____

3. Cuando vas a un restaurante, ¿qué le pides al mesero?

_____

4. ¿Quién trabaja en la cocina para preparar las comidas?

_____

5. ¿Quién sirve la comida?

_____

Vocabulario   PALABRAS 2

D **Comestibles** Answer the following questions.

1. ¿Cuáles son cuatro carnes?

_____

_____

2. ¿Cuáles son tres mariscos?

_____

_____

3. ¿Cuáles son seis vegetales?

_____

_____

E **Una reservación** Complete the following conversation.

—¡Diga!

—Quisiera _____ una mesa, por favor.
                         1

—Sí, señor. ¿Para _____?
                             2

—Para mañana a las veinte treinta.

—¿Y para _____ personas?
                     3

—Para seis.

—¿A _____ de quién, por _____?
              4   5

—A _____ de González.
            6

—Conforme, señor. Una mesa para seis _____ para
                                                              7

_____ a las veinte treinta a _____ de González.
            8   9

F **La carne** Answer the following questions.

1. ¿Comes hamburguesas? ¿Qué te gusta comer con la hamburguesa?

_____

_____

_____

2. ¿Comes cerdo? ¿Qué te gusta comer con el cerdo?

_____

_____

_____

3. ¿Comes biftec? ¿Qué te gusta comer con el biftec?

_____

_____

_____

4. ¿Comes cordero? ¿Qué te gusta comer con el cordero?

_____

_____

_____

Estructura

Verbos con el cambio e → i en el presente

A **El presente** Rewrite the sentences, changing **nosotros** to **yo** in the present tense.

1. Nosotros pedimos un cóctel de camarones.

   _____

2. Freímos el pescado.

   _____

3. Servimos la ensalada antes del plato principal.

   _____

4. Seguimos una dieta sana.

   _____

B **En el restaurante** Complete each sentence with the correct present-tense form of the verb(s) in parentheses.

1. El mesero les _____ a los clientes lo que ellos le _____.
   (servir, pedir)

2. Si el cliente _____ papas fritas, el cocinero las _____.
   (pedir, freír)

3. A veces si hay un plato que me gusta mucho, yo lo _____ otra vez.   (pedir)

4. Si el mesero me _____ bien, yo le dejo una propina.   (servir)

C **¿Qué le gusta?** Answer the questions according to the model.
   ¿Le gusta a Juanita el pollo?
   Sí, y siempre lo pide.

1. ¿Te gustan los huevos fritos?

   _____

2. ¿Les gusta a ustedes la ensalada con aceite y vinagre?

   _____

3. ¿Les gusta a Carlos y a Felipe el biftec?

   _____

Verbos con el cambio e → i, o → u en el pretérito

D **En el restaurante** Answer each question according to the cue.

1. ¿Qué pediste? (arroz con pollo)

_____

2. ¿Te gustó el plato? (sí, mucho)

_____

3. ¿Repetiste el plato cuando fuiste al restaurante la segunda vez? (no)

_____

4. ¿Qué pediste la segunda vez? (el cerdo asado)

_____

5. ¿Qué plato preferiste? (no sé)

_____

6. ¿Te gustaron los dos platos? (sí)

_____

7. Después de comer mucho, ¿dormiste bien? (no, no muy bien)

_____

E **Marcos** Complete the following paragraph according to the information in Activity D.

Marcos _____ un arroz con pollo. Le _____ mucho.
                1   2

Pero cuando volvió al restaurante no _____ el mismo plato.
                                          3

_____ el cerdo asado. No sabe qué plato _____
          4   5

porque le _____ los dos platos. Pero después de comer tanto, él no
                6

_____ muy bien.
     7

Nombre _____   Fecha _____

Un poco más

A **Un restaurante** Read this ad for a restaurant on the outskirts of Madrid.

RESTAURANTE
Los Remos
(antes Parque Moroso)
PRIMERA CASA EN PESCADOS Y MARISCOS
AMBIENTE SELECTO • VIVEROS PROPIOS
Ctra. Coruña, km. 12,700
Telfs. 91 307 72 30 - 91 307 73 36
ABIERTO DOMINGOS MEDIODIA
P PARKING PROPIO

B **Buscando informes** Answer the questions based on the information in the ad in Activity A. Write the answers in Spanish.

1. What's the name of the restaurant?

_____

2. What do they serve in this restaurant?

_____

3. What's its former name?

_____

4. When is the restaurant open on Sundays?

_____

C   **El menú** Look at the menu for the Casa Botín, a restaurant considered to be the oldest in the world.

CARTA
I.V.A. 7% INCLUIDO

ENTRADAS

Jugos de tomate, naranja	4,10
Pimientos asados con bacalao	9,80
Lomo ibérico de bellota	23,05
Jamón ibérico de bellota	25,25
Surtido ibérico de bellota	21,60
Melón con jamón	21,40
Queso (manchego)	8,95
Ensalada riojana	9,50
Ensalada de lechuga y tomate	4,90
ENSALADA BOTIN (con pollo y jamón)	12,20
Ensalada de rape y langostinos	26,30
Ensalada de endivias con perdiz	21,20
Morcilla de Burgos	7,50
Croquetas de pollo y jamón	8,95
Manitas de cochinillo rebozadas	8,05
Salmón ahumado	20,30

SOPAS

Sopa al cuarto de hora (de pescados)	16,25
SOPA DE AJO CON HUEVO	5,95
Caldo de ave	4,90
Gazpacho	8,20

HUEVOS

Revuelto de la casa (morcilla y patatas)	8,50
Huevos revueltos con espárragos trigueros	10,15
Huevos revueltos con salmón ahumado	10,75
Tortilla de gambas	10,75

VERDURAS

Espárragos con mahonesa	13,65
Menestra de verduras salteadas con jamón ibérico	12,00
Alcachofas salteadas con jamón ibérico	9,05
Judías verdes con jamón ibérico	9,05
Setas a la segoviana	9,85
Patatas fritas	3,75
Patatas asadas	3,75

PESCADOS

Angulas (según mercado)	
ALMEJAS BOTIN	24,05
Langostinos con mahonesa	38,05
Gambas al ajillo	27,50
Gambas a la plancha	27,50
Cazuela de pescados	28,85
Rape en salsa	26,65
Merluza al horno o frita	31,50
Lenguado frito, al horno o a la plancha (pieza)	25,55
Calamares fritos	15,80
CHIPIRONES EN SU TINTA (arroz blanco)	16,75

ASADOS Y PARRILLAS

COCHINILLO ASADO	23,60
CORDERO ASADO	25,50
Pollo asado 1/2	9,70
Pollo en cacerola 1/2	12,85
Perdiz estofada (pieza)	25,10
Filete de ternera a la plancha	18,90
Escalope de ternera	19,20
Ternera asada con guisantes	19,20
Solomillo a la plancha	27,50
SOLOMILLO BOTIN (al champiñón)	27,50
"Entrecotte" de cebón a la plancha	25,80

POSTRES

Cuajada	6,60
Tarta helada	6,65
Tarta de la casa (crema y bizcocho)	6,75
Tarta de chocolate	7,30
Tarta de frambuesa	8,25
Pastel ruso (crema de praliné)	8,00
Flan de la casa	4,25
Flan de la casa con nata	6,90
Helado de chocolate o caramelo	5,20
Helado de vainilla con salsa de chocolate	5,30
Surtido de buñuelos	8,75
Hojaldre de crema	7,40
Piña natural al dry-sack	6,20
Fresón con nata	7,80
Sorbete de limón	5,95
Melón	6,55
Bartolillos (sábados y domingos)	7,30

MENU DE LA CASA
(Primavera - Verano)
Precio: 41,65 euros

Gazpacho
Cochinillo asado
Helado
Pan, vino, cerveza o agua mineral

CAFE 2,20 - PAN 1,05 - MANTEQUILLA 1,30

HORAS DE SERVICIO: ALMUERZO, de 1:00 A 4:00 - CENA, de 8:00 A 12:00

ABIERTO TODOS LOS DIAS   **HAY HOJAS DE RECLAMACION**

D **¿Cómo se dice... ?** Find the Spanish equivalent of each of the following dishes.

1. chicken and ham croquettes _____

2. melon with ham _____

3. smoked salmon _____

4. garlic soup with egg _____

5. asparagus with mayonnaise _____

6. seafood casserole _____

7. clams Botín _____

8. sauteed artichokes with Iberian ham _____

9. 1/2 roasted chicken _____

10. grilled veal filet _____

E **En el restaurante** Answer the questions according to the information on the menu in Activity C.

1. ¿Es necesario pagar el pan y la mantequilla? _____

2. ¿ Cuánto es el pan? _____ ¿Y la mantequilla? _____

3. ¿Qué comidas sirven en el restaurante? _____

4. ¿A qué hora sirven el almuerzo? _____

5. ¿A qué hora sirven la cena? _____

6. ¿Cuándo está abierto el restaurante? _____

Mi autobiografía

Tell whether or not you like to eat in a restaurant. If you do, tell which restaurant(s) you go to. Give a description of a typical dinner out. You know quite a few words for foods in Spanish. Write about those foods you like and those foods you do not like.

Mi autobiografía

Capítulo 3
Telecomunicaciones

Vocabulario   PALABRAS 1

A **¿Qué es?** Identifica las partes de la computadora.

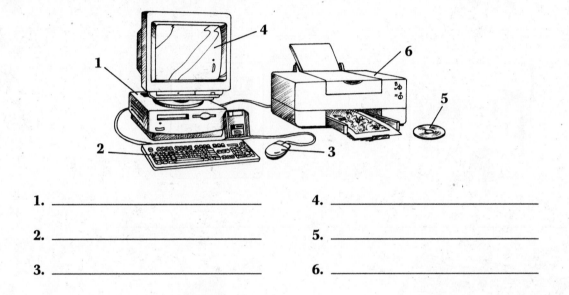

1. _____   4. _____

2. _____   5. _____

3. _____   6. _____

B **¿Cómo uso la computadora?** Completa con una palabra apropiada.

1. Para usar la computadora, primero tienes que _____ la máquina.

2. Metes un CD en la _____ .

3. Usas el _____ para entrar los datos.

4. Entonces puedes ver los datos en _____ .

C **El fax** Pon las frases en orden lógico.

_____ Pongo el documento boca arriba.

_____ Prendo la máquina.

_____ Transmito el documento.

_____ Pulso el botón.

Vocabulario   PALABRAS 2

D **¿Qué es?**   Identifica.

1. _____

2. _____

3. _____

4. _____

5. _____

6. _____

7. _____

8. _____

E **Preguntas personales** Contesta.

1. ¿Cuál es tu número de teléfono?

   _____

2. ¿Cuál es tu clave de área?

   _____

3. ¿Tienes un teléfono celular?

   _____

4. ¿Tienes un contestador automático en tu casa?

   _____

5. ¿Haces llamadas largas a menudo? ¿A quién(es) llamas?

   _____

F **Las llamadas** Completa con una palabra apropiada.

1. Las llamadas de larga distancia cuestan mucho. Son _____.

2. El teléfono de botones tiene _____.

3. Si llamas a un país extranjero tienes que marcar primero el _____.

4. Si no sabes un número de teléfono, lo puedes buscar en la _____.

5. Si llamas y la otra persona no está, puedes dejar un mensaje en el

   _____.

G **¿Qué haces primero?** Pon en orden las instrucciones para hacer una llamada telefónica de un teléfono público.

_____ oír el tono

_____ descolgar el auricular

_____ marcar el número

_____ dejar un mensaje en el contestador automático

_____ introducir la tarjeta telefónica

Estructura

Imperfecto de los verbos en -ar

A **Cuando era niño(a)** Completa con el imperfecto del verbo indicado.

1. Cuando yo era niño(a), me _____ a las seis y media para ir a la escuela. (levantarse)

2. No me _____ ir a la escuela tan temprano. (gustar)

3. Mis hermanos y yo _____ el bus escolar a las siete y media. (tomar)

4. Algunos estudiantes _____ a la escuela en carro, otros

   _____ . (llegar, caminar)

5. Nosotros _____ a clases a las ocho y cuarto. (entrar)

6. Todos los estudiantes _____ uniforme. (llevar)

7. Mi maestra de primer grado _____ Sra. Díaz y

   _____ muy bien. (llamarse, enseñar)

8. Cuando la Sra. Díaz _____ , yo siempre

   _____ atención. (hablar, prestar)

9. Mi amiga Carmen siempre _____ mucho y

   _____ apuntes. (estudiar, tomar)

10. Cuando nosotros _____ un examen, Carmen siempre

    _____ una buena nota. (tomar, sacar)

11. Las clases _____ a las tres y media. (terminar)

12. Por la tarde mis amigos y yo _____ en el parque. (jugar)

13. ¿Dónde _____ tú la tarde después de las clases? (pasar)

14. ¿Qué te _____ hacer con tus amigos? (gustar)

Imperfecto de los verbos en -er e -ir

B **Un colegio bilingüe**   Completa con el imperfecto del verbo indicado.

Cuando yo _____ (tener) trece años, mi familia
                    1

_____ (vivir) en Buenos Aires. Mi hermana y yo
        2

_____ (asistir) a un colegio bilingüe. En el colegio
        3

_____ (haber) muchos estudiantes norteamericanos. Todos los
        4

estudiantes _____ (aprender) las asignaturas en español y en inglés.
                    5

Yo no _____ (saber) hablar inglés muy bien. A veces, yo no
                6

_____ (comprender) lo que me _____ (decir)
        7   8

la profesora. Mi hermana _____ (poder) hablar inglés muy bien y
                                9

siempre _____ (recibir) buenas notas. A la una de la tarde, todos los
            10

estudiantes _____ (volver) a casa para almorzar.
                11

    Por la tarde, mi hermana y sus amigas _____ (divertirse) en el
                                                12

parque. Yo _____ (querer) ir con ellas pero no _____
                13   14

(poder) porque _____ (tener) que estudiar mucho.
                    15

Imperfecto de los verbos ser e ir

C **Hoy y en el pasado también**   Sigan el modelo.

Soy muy serio.
Y era muy serio en el pasado también.

1. Soy generosa.

   _____

2. Mis amigos son divertidos.

   _____

3. Nosotros somos inteligentes.

   _____

4. Tú eres muy sincero.

   _____

Nombre _____ Fecha _____

D **Ir y venir** Completa con el imperfecto del verbo **ir.**

1. Yo _____ y él venía.

2. Nosotros _____ y ellos venían.

3. Ellos _____ y tú venías.

4. Tú _____ y yo venía.

5. Ustedes _____ y nosotros veníamos.

Usos del imperfecto

E **Un mensaje electrónico** Contesta según se indica.

1. ¿Qué día era? (el ocho de enero)

   _____

2. ¿Qué hora era? (las once de la noche)

   _____

3. ¿Qué tiempo hacía? (mucho frío)

   _____

4. ¿Quién no podía dormir? (Diego)

   _____

5. ¿Qué hacía Diego cuando no podía dormir? (usar la computadora)

   _____

6. ¿Qué quería hacer? (comunicarse con sus amigos por correo electrónico)

   _____

7. ¿Qué veía en el monitor? (un mensaje)

   _____

8. ¿De quién era el mensaje? (de un amigo de Barcelona)

   _____

9. ¿Cuántos años tenía el amigo de Barcelona? (dieciséis)

   _____

10. ¿Cómo estaba Diego entonces? (muy contento)

   _____

WORKBOOK

Nombre _____   Fecha _____

Un poco más

A **Un anuncio**   Lee este anuncio que apareció recientemente en *La Jornada*, un diario de la Ciudad de México.

3 formas de llevarte estos tres...

CM-RX 100
con manos libres fijo
al contratar
cualquier plan.

6500 negro
con batería de litio
al contratar Plan
Master, Master Plus
o Empresarial.

A-252
al contratar cualquier plan.
Incluye: 6 meses de
Rescatel Plus y
Seguro para teléfono
¡sin pagar nada!

•**¡Gratis!**
•**¡Regalado!**
•**¡No te cuesta!**

¡No olvides contratar el servicio de Identificador de Llamadas!*
Visita a tu Distribuidor Autorizado Telcel

Promoción válida del 21 de septiembre al 31 de octubre
Edo. de México, Hidalgo y Morelos. No aplica en Plan Óptimo ni en Sistema Amigo. Aplican restricciones.

telcel
Digital PCS

B **Preguntas**   Contesta según el anuncio.

1. ¿Cuál es el nombre de la compañía? _____

2. ¿Qué aparatos ofrece? _____

3. ¿Qué modelo funciona con batería de litio? _____

4. ¿Cuánto cuestan los teléfonos? _____

5. ¿Cuándo es la promoción? _____

C **¿Qué más dice el anuncio?**   Contesta en inglés.

1. Is the ad selling an instrument or selling a plan for using cellular phones?

_____

2. What is the Spanish expression for "caller ID"? _____

3. What is the Spanish expression for "authorized dealer"? _____

D **¿Qué buscas en una computadora?**   Lee este anuncio del periódico *Prensa Libre* de Guatemala.

E **¿Qué dice el anuncio?**   Contesta según el anuncio.

1. ¿Qué vende Compu City? _____

2. ¿Cuál es la dirección de Compu City? _____

3. ¿Cuál de las tres computadoras tiene más memoria? _____

   _____

4. ¿Cuánto cuesta el Procesador 233 MHz? _____

5. ¿Cuál de estas computadoras prefieres tú? ¿Por qué? _____

   _____

   _____

F **¿Cómo se dice?**   Busca la expresión equivalente en español.

1. hard disk   _____

2. amplified stereo speakers   _____

3. free covered parking   _____

4. payments   _____

5. immediate delivery   _____

6. maintenance   _____

7. high quality   _____

8. brands   _____

Mi autobiografía

What kind of computer do you use at home or at school? What features and programs does it have? Do you like using a computer? What do you use it for? Did you use a computer when you were younger? Did you know how to turn it on and off? Did you know how to enter and save data. If you use the Internet now, what sites do you recommend to your friends?

Mi autobiografía

Capítulo 4
De tiendas

Vocabulario   PALABRAS 1

A **La tienda de ropa para caballeros**   Identifica la ropa en el escaparate de la tienda.

1. _____

2. _____

3. _____

4. _____

5. _____

6. _____

7. _____

8. _____

9. _____

10. _____

B **Para señoras** Describe la ropa que llevan Virginia y Adela.

Virginia _Adela_

_____

_____

_____

_____

C **La tienda de ropa** Completa con palabras apropiadas.

Julia fue a una tienda de ropa; miró la ropa en el _____. Después
1

entró en la tienda y habló con la _____ que trabaja allí.
2

La dependienta pregunta:

—¿En qué puedo _____?
3

—_____ una blusa azul de mangas largas.
4

Julia _____ la blusa azul y luego _____ en el
5 6

espejo. Ella no compró la blusa porque no le _____ bien.
7

D **Adivina qué es.** Lee las descripciones y escribe la palabra apropiada.

1. Es un artículo de ropa. Lo llevas en el cuello cuando hace mucho frío. _____

2. Llevas esta joya en la muñeca. _____

3. Las venden en la zapatería. Uno las lleva en el verano. _____

4. Puedes llevar esta joya en el dedo. _____

5. Llevas esta joya en la oreja. _____

6. Es una joya. La llevas en el cuello. _____

7. Lo usas para saber la hora. _____

Vocabulario   PALABRAS 2

E **En el supermercado**   Describe el dibujo.

_____

_____

_____

_____

_____

_____

F **¿En qué tienda?**   Completa.

1. Se vende carne en _____.

2. Se vende pan en _____.

3. Se venden pasteles en _____.

4. Se venden el pescado y los mariscos en _____.

5. Se venden frutas en _____.

6. Se venden legumbres en _____.

G **La lista de compras**   Completa la lista de compras.

1	de mayonesa
2	de tomates
3	de agua mineral
1	de detergente
6	de refrescos
2	de guisantes congelados
12	de queso
2	de arroz
1	de cereal

Estructura

El pretérito y el imperfecto

A **¿Todos los días o ayer?**   Escoge la expresión correcta para completar cada oración.

1. Fui al mercado _____.
   a. esta mañana   **b.** todas las mañanas

2. Me compraba un traje nuevo _____.
   a. ayer   **b.** cada año

3. Se comunicaban por correo electrónico _____.
   a. anoche   **b.** todas las noches

4. Vimos una película _____.
   a. el sábado pasado   **b.** todos los sábados

5. Pagaba con tarjeta de crédito _____.
   a. hoy   **b.** casi siempre

6. Vendían frutas frescas _____.
   a. ayer   **b.** todos los días

7. Íbamos a la playa _____.
   a. el verano pasado   **b.** todos los veranos

8. Mandé un fax _____.
   a. ayer por la tarde   **b.** todas las tardes

9. El tren llegó _____.
   a. hoy   **b.** con frecuencia

B **Una llamada telefónica**   Contesta.

1. ¿Llamaste a tu amigo ayer?

   _____

2. ¿Lo llamabas con frecuencia?

   _____

3. ¿Fue la madre de tu amigo quien contestó el teléfono ayer?

   _____

4. ¿Contestaba su madre casi siempre?

   _____

5. Anoche, ¿hablaste con su madre?

_____

6. ¿Hablabas con su madre cada vez que telefoneabas?

_____

C **¿Una vez o con frecuencia?**   Escribe frases originales en el pasado con las siguientes expresiones.

Cuando yo era niño(a)...

1. Con frecuencia

_____

_____

2. Una vez yo...

_____

3. Mi familia siempre...

_____

4. Un verano, nosotros...

_____

5. De vez en cuando, mis primas...

_____

6. El año pasado, ellas...

_____

7. Todos los días nosotros...

_____

8. Anoche mis padres y yo...

_____

9. El sábado pasado tú...

_____

10. Todos los sábados, tú...

_____

Dos acciones en una oración

D **¿Qué hacías cuando...?** Completa con el pretérito o el imperfecto del verbo indicado.

1–2. Yo _____ en mi cuarto cuando _____ el
teléfono. (estar, sonar)

3–4. Yo _____ datos en la computadora cuando tú me

_____. (entrar, llamar)

5–6. Mis padres no _____ el teléfono porque

_____ en el garaje. (oír, estar)

7–8. Yo _____ contigo cuando mi madre

_____ a mi cuarto. (hablar, subir)

9–10. Ella me _____ con quién yo _____.
(preguntar, hablar)

11–12. Yo le _____ que _____ con una amiga.
(contestar, hablar)

E **De compras** Completa con el pretérito o el imperfecto del verbo indicado.

1–2. _____ las tres cuando Felipe y Diego

_____ a la tienda. (Ser, llegar)

3. Felipe _____ comprar una chaqueta nueva. (querer)

4. En el escaparate _____ una chaqueta azul muy bonita. (haber)

5. El dependiente le _____ la chaqueta. (enseñar)

6–7. Felipe _____ la chaqueta y se _____ en el
espejo. (probarse, mirar)

8–9. La chaqueta no le _____ bien porque

_____ un poco estrecha. (quedar, ser)

10. Felipe le _____ al dependiente un tamaño más grande. (pedir)

11–12. El dependiente le _____ otra chaqueta y Felipe la

_____ . (dar, comprar)

13. Los dos amigos _____ de la tienda muy contentos. (salir)

Verbos como querer y creer en el pasado

F **Antes, sí.** Contesta según el modelo.

¿Puedes jugar bien al tenis?
No, pero antes podía jugar muy bien al tenis.

1. ¿Creen ustedes que las obras teatrales son aburridas?

_____

_____

2. ¿Tus padres saben qué tamaño de camisa usas?

_____

_____

3. ¿Sabes esquiar?

_____

_____

4. ¿Creen tus amigos que pueden hacer todo lo que quieren?

_____

_____

La voz pasiva con se

G   **Se vende(n)...**   Escribe frases según el modelo.

   / vender   **Se venden zapatos en una zapatería.**

_____

   / comprar   **1.** _____

_____

    / hablar   **2.** _____

_____

   / vender   **3.** _____

_____

   / llevar   **4.** _____

_____

   / vender   **5.** _____

_____

Un poco màs

A **Dustin** Lee este anuncio de Dustin.

DUSTIN

P R E C I O   Ú N I C O

TRAJES **249,00**

CAMISAS: UNA **39,00** DOS **70,00**

CORBATAS SEDA NATURAL **29,50**

El Corte Inglés

PZA. CATALUÑA - DIAGONAL - SABADELL

CON TODOS LOS SERVICIOS Y VENTAJAS QUE SÓLO OFRECE EL CORTE INGLÉS

• CONFECCION PERFECTA EN TEJIDOS DE PRIMERA CALIDAD. • COMPOSTURAS SIN CARGO ALGUNO. • ENVIO A DOMICILIO.
• APARCAMIENTO A SU SERVICIO. • TOTAL GARANTIA. SI NO QUEDA SATISFECHO LE DEVOLVEMOS SU DINERO.

B **La ropa** Completa según el anuncio.

1. La marca de la ropa es _____.

2. El nombre de la tienda es _____.

3. Los artículos de ropa más caros son los _____.

4. Si compras dos camisas en lugar de una, ahorras *(you save)* _____ euros.

C **¿Dónde lo dice?** Escribe dónde dice lo siguiente.

1. the address of the store _____

2. that they will do alterations free of charge _____

3. that one of the products is pure silk _____

4. that they offer free parking _____

5. what they will do if you aren't completely satisfied _____

D **Un anuncio** Lee este anuncio de un mercado en España.

E **En inglés** Contesta según el anuncio.

1. What's the name of the store? _____

2. Judging from the name, do you think it's a small or a large supermarket? _____

3. What do they sell? _____

4. Which items are sold in liters? _____

5. Which item is sold in a 4-kilo box with a handle? _____

6. How many pieces of fish are there in the bag? _____

7. The milk container has the word **entera.** What do you think it means? _____

Mi autobiografía

Continue with your autobiography. Tell who does the food shopping for your family. Explain where you or other members of your family do the shopping and how often. What type of food do you buy? Do you shop in small specialty stores or do you prefer to shop in large supermarkets? Explain why.

Mi autobiografía

CHECK-UP 1

A Completa.

1. Los pasajeros compran sus billetes en _____.

2. Voy a comprar _____ porque voy a volver aquí.

3. _____ ayuda a los pasajeros con sus maletas.

4. En la estación de ferrocarril se puede comprar periódicos y revistas en

   _____.

5. El tren para Córdoba va a salir del _____ tres.

B Identifica.

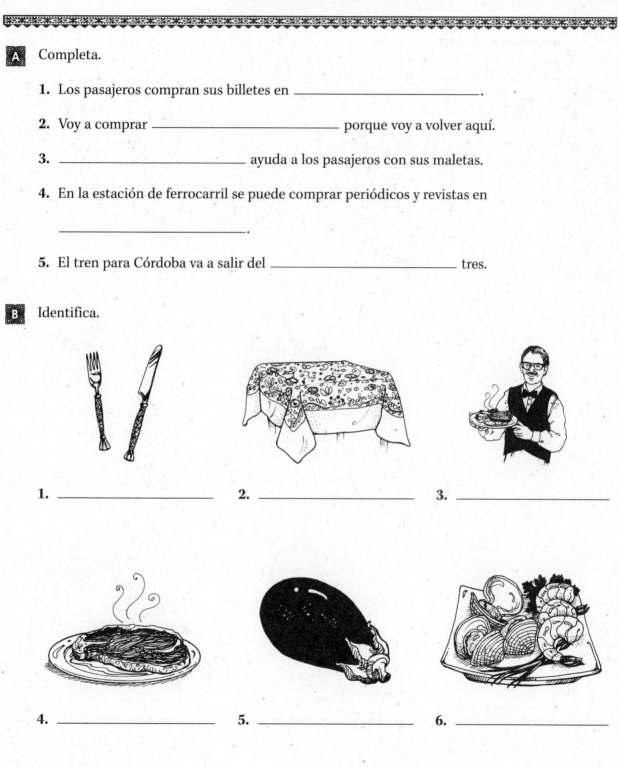

1. _____   2. _____   3. _____

4. _____   5. _____   6. _____

Nombre _____ Fecha _____

Completa las frases con una palabra apropiada.

1. La computadora tiene una _____ donde se puede poner o introducir el disquete.

2. Para mandar un fax hay que meter el documento _____.

3. Se puede hacer una llamada de un _____ si no está en casa.

4. Si haces una llamada a un país extranjero tienes que marcar _____ de país.

5. Si una persona no está en casa cuando llamas, puedes dejar un mensaje en el

   _____.

D Identifica.

1. _____ 2. _____ 3. _____

4. _____ 5. _____ 6. _____

E Completa con una palabra apropiada.

1. un _____ de mayonesa

2. una _____ de detergente

3. una _____ de agua mineral

4. una _____ de sopa

5. diez _____ de jamón

F Escribe el nombre de la tienda donde se venden estos comestibles. Sigue el modelo.

el pan
Se vende pan en la panadería.

1. la carne _____

_____

2. el pescado _____

_____

3. los pasteles _____

_____

4. los vegetales _____

_____

5. las frutas _____

_____

G Escribe las frases en el pretérito.

1. Nosotros hacemos un viaje.

_____

2. Yo hago el viaje en tren y ellos lo hacen en avión.

_____

3. No podemos ir juntos.

_____

4. Ellos no quieren salir el sábado.

_____

5. Por eso, ellos tienen que tomar el avión.

_____

H Completa con el presente de **decir.**

Yo _____ que sí y ellos _____ que sí. Todos (nosotros) _____ que sí.
      1   2   3

Así, estamos de acuerdo.

I Completa con el presente del verbo indicado.

1. Cuando yo voy a un restaurante, siempre _____ un biftec. (pedir)

2–3. Yo lo _____ con arroz. ¿Con qué lo _____ tú? (pedir, pedir)

4. Los meseros _____ a los clientes en el restaurante. (servir)

5. El cocinero _____ las papas. (freír)

J Completa con el pretérito de **pedir.**

Yo _____ un biftec y él _____ pollo. Los dos

(nosotros) _____ papas fritas. ¿Qué _____

tú? Y, ¿qué _____ tu amigo(a)?

K Completa con el imperfecto de los verbos indicados.

1–2. Cuando yo _____ seis años, yo _____ a la

escuela primaria. (tener, asistir)

3. Mis hermanos _____ a la escuela secundaria. (ir)

4. Nosotros _____ de casa a las siete y media. (salir)

5. Me _____ mucho mi escuela. (gustar)

6. Mi maestra de primer grado _____ muy simpática. (ser)

7. En la escuela yo _____ muchos amigos. (tener)

8. Nosotros _____ a leer y a escribir. (aprender)

9–10. Yo _____ a casa a la una de la tarde y mis hermanos

_____ a las tres. (volver, volver)

11–12. ¿_____ tú a casa o _____ en la escuela?
(volver, comer)

WORKBOOK
Copyright © by The McGraw-Hill Companies, Inc.

¡Buen viaje! Level 2 Check-Up 1 ～ 49

L Completa con el pretérito o el imperfecto del verbo indicado.

1. Yo _____ al supermercado ayer. (ir)

2. No fue nada raro. Yo _____ al mercado todos los días. (ir)

3–4. Yo siempre _____ productos frescos, pero el otro día mi hermana

_____ muchos productos congelados. (comprar, comprar)

5–7. Yo _____ en la pastelería y _____ con el

dependiente cuando _____ Eduardo. (estar, hablar, entrar)

8–9. Yo lo _____ y nosotros _____ a hablar.
(saludar, empezar)

10–11. Mientras Eduardo y yo _____, el dependiente

_____ el pastel en una bolsa. (hablar, poner)

12. Él me _____ la bolsa. (dar)

13–14. Yo le _____ cuál _____ el precio.
(preguntar, ser)

15–16. Como yo no _____ dinero, le _____ con
tarjeta de crédito. (tener, pagar)

Capítulo 5

Los pasatiempos

Vocabulario   PALABRAS 1

A **Los pasatiempos** Identifica.

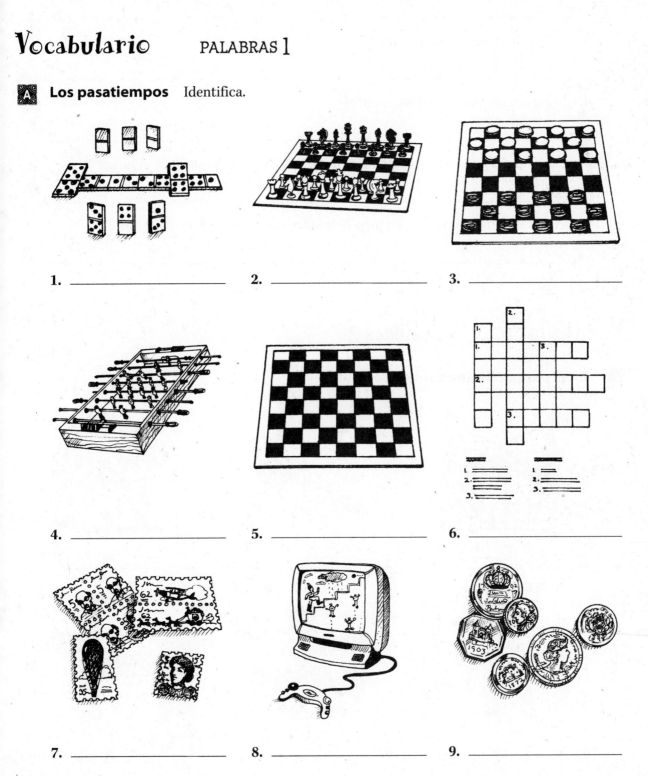

1. _____

2. _____

3. _____

4. _____

5. _____

6. _____

7. _____

8. _____

9. _____

B **Preguntas personales**   Contesta.

1. ¿Te gustan los juegos de video?

_____

2. ¿Dónde los juegas, en casa o en una sala de juegos?

_____

3. ¿Cuál de los juegos es tu favorito?

_____

4. ¿Te gustan los juegos de computadora?

_____

5. ¿Tienes algún juego de computadora en el CD-ROM? ¿Cómo se llama el juego?

_____

6. ¿Cuáles son más divertidos, los juegos de video o los juegos de computadora?

_____

Vocabulario   PALABRAS 2

C **En el parque de atracciones**   Identifica.

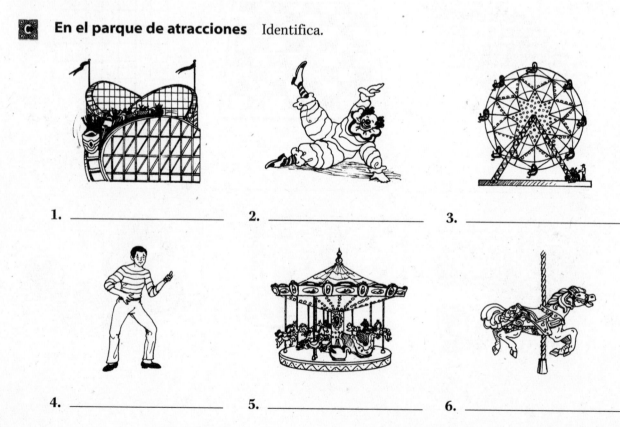

1. _____   2. _____   3. _____

4. _____   5. _____   6. _____

D **En el parque** Describe el dibujo. Usa expresiones como **delante de, detrás de, al lado de, a la izquierda de, a la derecha de.**

_____

_____

_____

_____

_____

_____

_____

_____

_____

Estructura

Futuro de los verbos regulares

 En la playa   Cambia las frases al futuro según el modelo.

Ella va a comprar un bañador.
Ella comprará un bañador.

1. Julia va a pasar unas semanas en la playa.

   _____

2. Yo voy a ir con ella.

   _____

3. Nosotras vamos a tomar el sol y nadar.

   _____

4. Pedro nos va a enseñar a esquiar en el agua.

   _____

5. Julia y Pedro también van a aprender a bucear.

   _____

6. Luego nosotras vamos a comer pescado en un restaurante.

   _____

7. Mis padres me van a escribir muchos correos electrónicos.

   _____

8. Yo voy a leer las cartas en la playa.

   _____

9. Después de comer, yo voy a jugar al ajedrez con Pedro.

   _____

10. ¿Quién va a ser el campeón?

    _____

11. Vamos a volver a casa muy contentas.

    _____

Nombre _____ Fecha _____

Comparativo y superlativo

 Comparaciones Escribe frases según el modelo.

los juegos de video / divertido / las damas
Los juegos de video son más divertidos que las damas.

1. un hipermercado / grande / un colmado

_____

2. una cadena de oro / caro / una pulsera de plástico

_____

3. los payasos / cómico / los mimos

_____

4. el metro / rápido / el autobús

_____

5. un helado / dulce / un yogur

_____

6. un teléfono celular / moderno / un teléfono público

_____

¿Quién en la clase? Contesta.

1. ¿Quién es el más alto o la más alta de la clase?

_____

2. ¿Quién es el más estudioso o la más estudiosa de la clase?

_____

3. ¿Quién es el más simpático o la más simpática?

_____

4. ¿Quién es el más cómico o la más cómica?

_____

5. ¿Quién es el más serio o la más seria?

_____

D **Frases originales**   Forma frases según los dibujos.

Pablo   **Diego**

1. _____

_____

Ana   **Alicia**

2. _____

Carlota   **Linda**
Rosa   **Elena**

3. _____

Ramón   **Luisa**

4. _____

David   **Isabel**

5. _____

Marcos   **Anita**

6. _____

E **¿Quién es el mayor?** Completa la conversación con **mayor, menor, mejor** o **peor.**

LUIS: Te vi ayer en el estadio. ¿Quién era el muchacho que estaba contigo?

ANA: Era Enrique mi hermano _____. Tiene 28 años.

LUIS: ¿Tú eres la _____ de la familia?

ANA: No, Carolina es mi hermana _____.

LUIS: ¿Carolina Valdés, la jugadora de tenis?

ANA: Si, tiene trece años y es la _____ jugadora de su equipo.

LUIS: Y tú, ¿no juegas al tenis también?

ANA: Sí, pero yo soy la _____ jugadora del mundo.

Ahora contesta según la conversación.

1. ¿Quién es el hermano mayor de Ana?

   _____

2. ¿Quién es menor, Ana o Carolina?

   _____

3. ¿Quién es la mejor jugadora del equipo de tenis?

   _____

4. ¿Quién es la peor jugadora del mundo?

   _____

Un poco más

A **En el parque Chapultepec**   Contesta según el plano de Chapultepec.

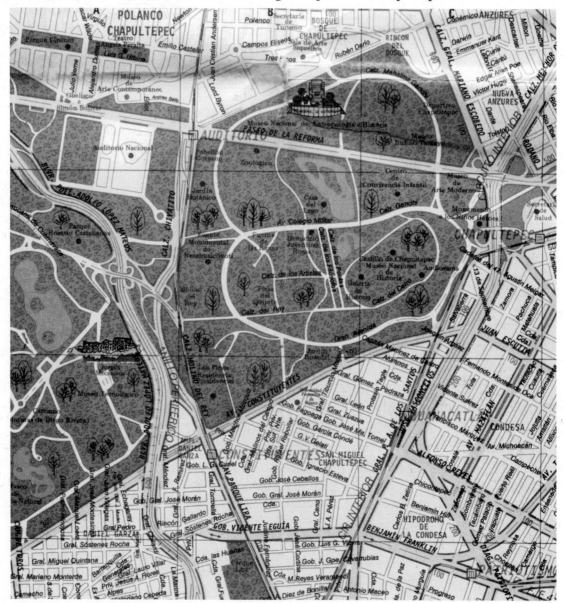

1. ¿La Casa del Lago está a la izquierda o a la derecha del lago? _____

2. ¿Qué museo está detrás del lago? _____

3. Busca tres museos en el parque y escribe el nombre de cada uno. _____

_____

_____

_____

B **Actividades en el parque** Escribe una actividad que puedes hacer en cada uno de estos lugares del Parque Chapultepec.

1. el lago _____

2. el Museo de Arte Moderno _____

3. el zoológico _____

4. el Auditorio Nacional _____

5. el Jardín Botánico _____

C **Ajedrez** The word **maniobra** means *maneuver*. If you are a chess player, can you figure out what this is about?

AJEDREZ por Román Torán

POSICIÓN NÚMERO 8306

Negras juegan y ganan

Del Campeonato de Europa para equipos de club de 2005 es la posición que hemos seleccionado hoy, correspondiente a la partida Panchenko-Dreiev. En ella, con brillante juego combinativo, las negras se anotaron la victoria. ¿Cuál es la maniobra ganadora?

(Las soluciones de los pasatiempos, en páginas de cartelera)

Mi autobiografía

Write about how you like to spend your free time. Do you like to play games? Do you have hobbies? If so, describe them. Give a brief description of your favorite park. Do you go there often? With whom? Why do you like to go there?

Mi autobiografía

Capítulo 6

En el hotel

Vocabulario   PALABRAS 1

A ¿Qué quiere decir... ?   Expresa de otra manera.

1. el cuarto _____

2. la ficha _____

3. el cliente de un hotel _____

4. el elevador _____

5. el botones _____

6. un cuarto para dos personas _____

7. un cuarto para una persona _____

8. hacer una reservación _____

9. las maletas _____

B ¿En qué orden pasó?   Pon las frases en orden lógico.

_____ Después le puso el equipaje en el cuarto.

_____ Pagó la factura con una tarjeta de crédito.

_____ El botones le abrió la puerta a Marisa.

_____ Marisa llenó la ficha.

_____ Marisa reservó un cuarto antes de llegar al hotel.

_____ Antes de salir del hotel, Marisa pidió la cuenta.

_____ El botones le subió el equipaje en el ascensor.

_____ Cuando llegó al hotel, la recepcionista la saludó en la recepción.

C **En el hotel** Contesta según el dibujo.

1. ¿Dónde están las personas?

   _____

2. ¿Con quién habla el cliente?

   _____

3. ¿Qué llena el cliente?

   _____

4. ¿Qué tipo de cuarto reservó?

   _____

5. ¿Qué tiene el botones en la mano?

   _____

6. ¿Dónde está el botones?

   _____

7. ¿Qué mira o revisa la cliente?

   _____

8. ¿Con qué paga la factura?

   _____

Vocabulario   PALABRAS 2

D **¿Qué es?**   Identifica.

1. _____

2. _____

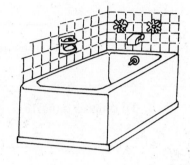

3. _____

4. _____

5. _____

6. _____

7. _____

8. _____

9. _____

E **En un hotel** Contesta.

1. ¿Quién limpia los cuartos en un hotel?

_____

2. ¿Dónde cuelgan los huéspedes su ropa?

_____

3. ¿Qué hay sobre una cama?

_____

4. Tú quieres bañarte o tomar una ducha. ¿Qué necesitas?

_____

5. Tú quieres colgar tu ropa. ¿Qué necesitas?

_____

F **En el cuarto** Di que sí o que no.

1. _____ Quiero ver una película. Voy a poner el televisor.

2. _____ Necesito más toallas. Voy a llamar al botones.

3. _____ Voy a ducharme. Necesito otro inodoro.

4. _____ Hace demasiado calor en el cuarto. Voy a poner el aire acondicionado.

5. _____ Mi hermana viene conmigo a Nueva York. Necesito un cuarto sencillo.

6. _____ Necesito otra almohada. Siempre duermo con dos en casa.

7. _____ Los huéspedes trabajan en el hotel.

8. _____ El cliente va a abandonar su cuarto ahora. Él sale hoy.

Estructura

Futuro de los verbos irregulares

A **Al teatro**   Completa con el futuro del verbo indicado.

1. Yo _____ que ir a comprar las entradas. (tener)

2. ¿Cuándo _____ tú ir? (poder)

3. Yo _____ ir mañana. (poder)

4. ¿_____ tú conmigo? (Venir)

5. Sí, nosotros _____ a las cinco, ¿de acuerdo? (salir)

B **Un viaje a España**   Completa con el futuro del verbo indicado.

1. Ellos _____ un viaje a España. (hacer)

2. Yo les _____ todo lo que _____ que ver.
   (decir, tener)

3. Yo sé que Carlos _____ ir al museo del Prado. (querer)

4. Él _____ ver los cuadros de Goya, Velázquez y Murillo. (querer)

C **Hoy no y mañana tampoco**   Completa con el futuro.

1. No puedo hoy y no _____ mañana tampoco.

2. Ellos no vienen hoy y no _____ mañana tampoco.

3. No se lo decimos hoy y no se lo _____ mañana tampoco.

4. No lo haces hoy y no lo _____ mañana tampoco.

5. Ella no sale hoy y no _____ mañana tampoco.

6. No lo pongo en orden hoy y no lo _____ en orden mañana
   tampoco.

7. No lo tenemos que hacer hoy y no lo _____ que hacer mañana
   tampoco.

D **Al aeropuerto** Escribe en el futuro.

1. Ellos van a hacer un viaje a España.

_____

2. Ellos van a ir en avión.

_____

3. Ellos van a salir del aeropuerto JFK en Nueva York.

_____

4. Ellos van a ir al aeropuerto en taxi.

_____

5. Ellos van a poner las maletas en la maletera del taxi.

_____

6. Ellos van a salir de casa tres horas antes de la hora de salida de su vuelo.

_____

7. Ellos no van a querer llegar tarde al aeropuerto.

_____

8. Ellos van a tener que estar en el aeropuerto dos horas antes de la salida de su vuelo.

_____

E **Nosotros también** Escribe las frases de la Actividad D cambiando **ellos** en **nosotros**.

1. _____

2. _____

3. _____

4. _____

5. _____

6. _____

7. _____

8. _____

Me lo, te lo, nos lo

F **¿Quién te lo regaló?** Contesta con pronombres según se indica.

1. ¿Quién te regaló la computadora? (Marta)

   _____

2. ¿Quién te regaló el televisor? (mi abuelo)

   _____

3. ¿Quién te regaló las sandalias? (mi mamá)

   _____

4. ¿Quién te regaló los discos compactos? (mi hermano)

   _____

G **¿Quién te lo recomendó?** Completa con los pronombres apropiados.

ANDRÉS: David, ¿quién _____ dio el menú?
                               1

DAVID: El mesero _____ dio.
                           2

ANDRÉS: Yo sé que siempre pides pollo. ¿Cómo _____ pediste esta
                                                              3

vez?

DAVID: _____ pedí asado.
                  4

ANDRÉS: ¿Y _____ sirvieron asado o frito?
                   5

DAVID: _____ sirvieron asado. _____
                  6   7

prepararon bien. Me gustó.

ANDRÉS: ¿Quién _____ recomendó el restaurante?
                           8

DAVID: Carlota _____ recomendó.
                          9

ANDRÉS: Pues, ¿qué dices? ¿_____ recomiendas a mí o no?
                                        10

DAVID: Sí, sí. _____ recomiendo. En mi opinión, es muy bueno.
                         11

Un poco màs

A **Suite Prado** Lee el panfleto.

*S*UITE

S PRADO,

*le permite
disfrutar de una
suite de lujo en un
edificio exclusivo,
diseñado a su
medida, para hacer
más entrañable su
estancia en Madrid.
Para ello,
le ofrecemos unas
suites altamente
equipadas con salón
independiente,
cocina, baño
de mármol,
T.V. satélite, Canal +
aire acondicionado
y teléfono directo.*

C/ Manuel Fernández y González, 10
Esq. Ventura de la Vega - 28014 MADRID
Tel. (91) 420 23 18 - FAX: (91) 420 05 59

B **¿Qué es?** Escoge.

1. El Suite Prado es un _____ .
   a. museo　　　　　**b.** hotel　　　　　**c.** hospital

2. El Suite Prado está en la calle _____ .
   a. Ventura de la Vega　　**b.** Thyssen　　**c.** Manuel Fernández y
   　　　　　　　　　　　　　　　　　　　　　　　　González

3. Los suites tienen _____ .
   a. salón independiente　**b.** un edificio exclusivo　**c.** estancias

C **Tres hoteles** Lee estos artículos sobre tres hoteles que aparecieron en *La Vanguardia,* una revista de España.

Dormir entre lienzos

Hotel Estela Barcelona
Sitges

En este hotel de Sitges se vive por y para el arte. No hay ni un solo rincón en el que no esté presente, en forma de pinturas de diversos artistas, esculturas de Subirachs o tapices de Tharrats. Así que si se quiere empezar el año "inspirado" o darle unas buenas vacaciones a la creatividad, hay que reservar habitación. Mejor si es alguna de las cinco con la huella del autor. Los artistas han dejado plasmada su obra en techos y paredes, alfombras, sábanas y toallas, y hasta en alguna mesa de la terraza. Poco se imaginaba el pintor Antonio Xaus cuando para protestar contra la falta de pasión en el arte se encerró durante tres días en la 105 y la pintó de arriba abajo sin que nadie sospechase que iba a marcar un nuevo estilo en la hostelería.

Dirección Av. Port d'Aiguadolç, s/n 08870 Sitges (Barcelona). Tel. 93/894-79-18. Fax. 93/81-04-89.

Servicios 57 habitaciones. 3 salas de reuniones. Restaurante. Cafetería. Jardín. Piscina. Garaje.

Verdes prados

Pazo Xan Xordo
Xan Xordo, La Coruña

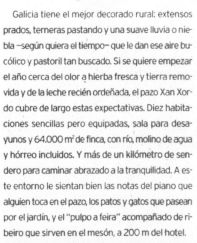

Galicia tiene el mejor decorado rural: extensos prados, terneras pastando y una suave lluvia o niebla —según quiera el tiempo— que le dan ese aire bucólico y pastoril tan buscado. Si se quiere empezar el año cerca del olor a hierba fresca y tierra removida y de la leche recién ordeñada, el pazo Xan Xordo cubre de largo estas expectativas. Diez habitaciones sencillas pero equipadas, sala para desayunos y 64.000 m² de finca, con río, molino de agua y hórreo incluidos. Y más de un kilómetro de sendero para caminar abrazado a la tranquilidad. A este entorno le sientan bien las notas del piano que alguien toca en el pazo, los patos y gatos que pasean por el jardín, y el "pulpo a feira" acompañado de ribeiro que sirven en el mesón, a 200 m del hotel.

Dirección Pazo de Xan Xordo. Xan Xordo, Lavacolla. 15820 Santiago de Compostela (La Coruña). Tel. 981/88-82-59. Fax 981/88-82-93.

Servicios 10 habitaciones dobles, con baño, minibar, TV y calefacción. No sirve comidas y cenas. Sala para desayunos y salón social. Aparcamiento. Jardín.

Nuevos amigos

Club Med
Cancún, México

Para los que están solos o pasan de encuentros familiares o, simplemente, andan despistados en cuanto a vacaciones, pero tienen claro que quieren conocer gente nueva, el Club Med de Cancún está a su disposición. Aquí, la alegría, el ligoteo sano y el jolgorio están asegurados. Este "village" (que no hotel) es un "non stop". Por la mañana, esquí náutico, tenis, vela, golf, windsurf y submarinismo. A media tarde, contemplar los pelícanos, iguanas y cormoranes que deambulan en total libertad por el complejo. Y, por la noche... fiesta. Se puede empezar por una tranquila cena en mangas de camisa, y continuar bailando en la discoteca, hasta que aguante el cuerpo. Si además se desea hacer cultura, programan excursiones a los tesoros mayas.

Dirección Club Med Cancún. Estado de Quintana Roo (México) Tel. 07/52-98-85-23-00/24-09. Fax 07/52-98-85-22-90 Reservas España 900/60-30-30.

Servicios 406 habitaciones. 2 restaurantes. 2 bares. Piscina. Deportes náuticos. Tiendas. Servicios lavandería. Alquiler coches. Excursiones.

Nombre _____ Fecha _____

D **¿Cuál es el hotel?** Lee las descripciones en inglés e identifica el hotel.

	PAZO XAN XORDO	CLUB MED	HOTEL ESTELA BARCELONA
1. a hotel that inspires creativity	_____	_____	_____
2. a hotel ideal for meeting new people	_____	_____	_____
3. a hotel that doesn't provide lunch or dinner	_____	_____	_____
4. weather is often rainy and misty	_____	_____	_____
5. artists have left their work in sheets and towels	_____	_____	_____
6. offers excursions to the Mayan treasures	_____	_____	_____
7. a rural, quiet place	_____	_____	_____
8. in the afternoon you can watch the birds and iguanas	_____	_____	_____
9. a painter locked himself in room 105 to protest a lack of interest in art	_____	_____	_____

E **En el Club Med** Describe las actividades que puedes hacer en este hotel.

Por la mañana: _____

_____

Por la tarde: _____

Por la noche: _____

F **Palabras relacionadas** Parea las palabras.

1. _____ windsurf   **a.** esquí acuático

2. _____ esquí náutico   **b.** alberca

3. _____ submarinismo   **c.** plancha de vela

4. _____ piscina   **d.** contemplar

5. _____ mirar   **e.** buceo

Mi autobiografía

Write about the time you spent in a hotel. Where was it? What was the occasion? Describe your room. If you have never been to a hotel, describe a hotel in which you would like to stay some day.

Mi autobiografía

Capítulo 7
El vuelo

Vocabulario   PALABRAS 1

A **En la cabina**   Describe el dibujo.

_____

_____

_____

_____

_____

_____

_____

_____

B **Reglas de seguridad** Completa.

Durante el despegue y el aterrizaje los pasajeros tienen que...

1. poner _____ del asiento en posición vertical.

2. _____ el cinturón de seguridad.

3. poner _____ debajo del asiento o en el compartimiento superior.

En caso de un cambio en la presión del aire es importante...

4. usar _____.

En caso de un aterrizaje de emergencia los pasajeros tienen que...

5. ponerse _____.

En caso de un aterrizaje de emergencia los pasajeros tienen que...

6. salir por _____.

C **¿En qué parte del avión?** Indica dónde en el avión están estas personas.

	LA CABINA	LA CABINA DE MANDO	EL LAVABO
1. el piloto hace un anuncio	_____	_____	_____
2. un niño se lava los dientes	_____	_____	_____
3. la asistente de vuelo sirve la comida	_____	_____	_____
4. una pasajera duerme	_____	_____	_____
5. el copiloto inspecciona los controles	_____	_____	_____
6. un pasajero se afeita	_____	_____	_____

Vocabulario   PALABRAS 2

D **En el aeropuerto**   Identifica.

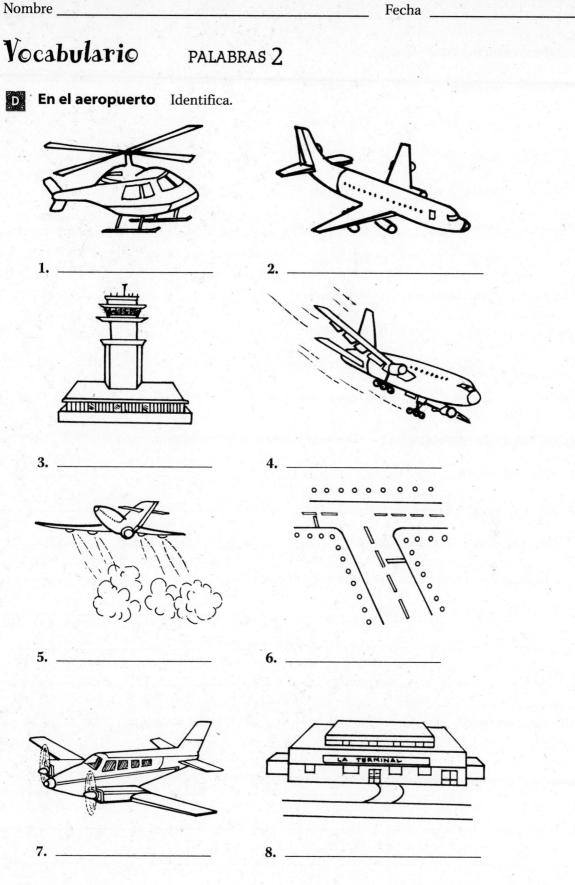

1. _____

2. _____

3. _____

4. _____

5. _____

6. _____

7. _____

8. _____

LA TERMINAL

E Palabras relacionadas Parea.

1. _____ aterrizar   **a.** el vuelo

2. _____ despegar   **b.** el servicio

3. _____ volar   **c.** la salida

4. _____ asistir   **d.** la comida

5. _____ comer   **e.** el/la asistente

6. _____ beber   **f.** la bebida

7. _____ distribuir   **g.** el aterrizaje

8. _____ servir   **h.** el anuncio

9. _____ anunciar   **i.** la distribución

10. _____ salir   **j.** el despegue

F ¿Qué sabes de la geografía? Escribe la palabra o expresión apropiada.

1. la ciencia que trata de la descripción de la Tierra _____

2. la parte más alta de una montaña _____

3. un espacio entre dos montañas _____

4. una extensión de tierra que no tiene altos ni bajos _____

5. una cadena o serie de montañas _____

6. una gran masa de agua en una depresión de la tierra _____

7. una llanura elevada de gran extensión _____

G Un viaje en avión En tus propias palabras, describe un viaje en avión.

_____

_____

_____

_____

_____

Estructura

Modo potencial o condicional de verbos regulares

 Un viaje de estudiante   Escribe en el condicional según el modelo.

Quiero viajar a Chile.
Viajaría a Chile.

1. Quiero ir solo(a).

_____

2. No quiero quedarme en un hotel.

_____

3. Quiero vivir con una familia chilena.

_____

4. Quiero aprender más español.

_____

5. Quiero conocer a muchos jóvenes chilenos.

_____

6. Quiero esquiar en los Andes.

_____

7. Quiero visitar los lagos.

_____

B **Aventuras para todos**   Completa con el condicional del verbo indicado.

1. Yo _____ el Aconcagua. (subir)

2. Mi mejor amigo _____ a volar una avioneta. (aprender)

3. Tú y yo _____ en el Amazonas. (remar)

4. Ustedes _____ las Rocosas en helicóptero. (sobrevolar)

5. Mis compañeros _____ en bicicleta por el altiplano. (ir)

6. Tú _____ en el mar Caribe. (bucear)

Modo potencial de verbos irregulares

C **¿Quién lo podría hacer?** Cambia los verbos del futuro al potencial.

1. Yo no podré hacerlo.

_____

2. Tú tendrás tiempo.

_____

3. Nosotros podremos hacerlo.

_____

4. Pero Luis sabrá hacerlo.

_____

5. Y ellos no pondrán obstáculos.

_____

D **En caso de gran turbulencia** Completa con el modo potencial del verbo indicado.

1. El avión no _____ despegar. (poder)

2. Los mecánicos _____ que revisarlo. (tener)

3. Los controladores no _____ despegues ni aterrizajes. (permitir)

4. La tripulación _____ las instrucciones. (dar)

5. Los pasajeros _____ en la terminal. (esperar)

6. Los bomberos (*firefighters*) _____ listos. (estar)

7. Ellos _____ qué hacer. (saber)

8. Las autoridades les _____ en estado de alerta. (poner)

9. Yo _____ a casa. (volver)

10. Yo no _____ un vuelo. (tomar)

11. ¿Qué _____ tú? (hacer)

Dos complementos con se

E **¿Quién fue?**   Parea las preguntas y las respuestas.

1. _____ ¿Quién les sirvió los postres a los clientes?   **a.** María se la dejó.

2. _____ ¿Quién le ofreció más ensalada a la cliente?   **b.** Su madre se la cortó.

3. _____ ¿Quién le dejó una propina al mesero?   **c.** El mesero se los sirvió.

4. _____ ¿Quién le cortó la carne al niño?   **d.** Su esposo se lo explicó.

5. _____ ¿Quién le explicó el menú a la señora?   **e.** La mesera se la ofreció.

F **El almuerzo**   Escribe con pronombres.

1. El mesero le sirvió *el plato a Pepe.*

   _____

2. Felipe le pidió *la cuenta.*

   _____

3. El mesero les dio *la cuenta a Felipe y a Marisa.*

   _____

4. Felipe dio *el dinero al mesero.*

   _____

G **¿Qué le darías a tu hermanito?**   Contesta con los pronombres apropiados.

1. ¿Le darías un juego de video?

   _____

2. ¿Le darías una bicicleta?

   _____

3. ¿Le darías marcadores?

   _____

4. ¿Le darías entradas para el parque de diversiones?

   _____

Un poco màs

A **Para subir a bordo** Lee lo siguiente.

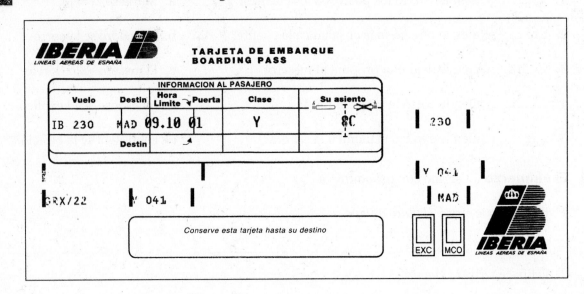

B **Preguntas** Contesta en español.

1. ¿Qué es? _____

2. ¿Cómo se llama la línea aérea? _____

3. ¿Qué asiento tiene el pasajero? _____

4. ¿Cuál es el número de vuelo? _____

5. ¿Qué significa la abreviatura MAD? _____

6. ¿A qué hora sale el avión? _____

C **Tarifas bajas**   Lee el siguiente anuncio.

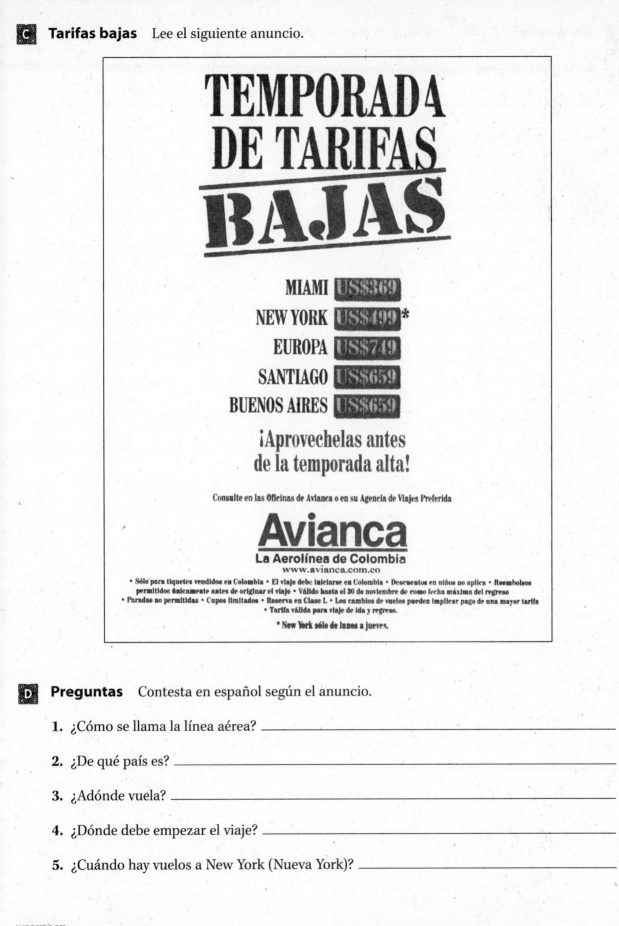

D **Preguntas**   Contesta en español según el anuncio.

1. ¿Cómo se llama la línea aérea? _____

2. ¿De qué país es? _____

3. ¿Adónde vuela? _____

4. ¿Dónde debe empezar el viaje? _____

5. ¿Cuándo hay vuelos a New York (Nueva York)? _____

E **En español** ¿Cómo se dice según el anuncio?

1. limited seatings _____

2. tickets _____

3. reimbursements _____

4. stopovers not allowed _____

5. children's discounts not applicable _____

6. high season _____

Mi autobiografía

Describe a plane trip you would like to take someday. When and where would you like to go? What are some of the safety measures that you would have to follow? What would you do during the flight?

Mi autobiografía

CHECK-UP 2

A Completa las frases.

1. Para jugar a las damas y al ajedrez necesitas _____.

2. Para llenar _____ del periódico necesitas un lápiz o un bolígrafo.

3. En la sala de juegos hay muchos _____.

4. Muchos jóvenes coleccionan _____.

5. El _____ es un juego como el fútbol en miniatura.

6. Se puede remar un _____ en el lago.

7. Mucha gente camina por _____ del parque.

8. En _____ hay muchos animales.

B Escoge.

1. ¿Por dónde camina en el parque la gente?

   a. Por las sendas.

   b. Por el bote.

   c. Por el mono.

2. ¿Qué le compra el padre a su niña?

   a. Un tiovivo.

   b. Un globo.

   c. Una boletería.

3. ¿Van al zoológico los niños?

   a. Sí, quieren ver las piraguas.

   b. Sí, quieren remar en el lago.

   c. Sí, quieren mirar los monos.

4. ¿Hay muchas atracciones en el parque?

   a. Sí, me gustan las montañas.

   b. Sí, me gusta la noria.

   c. Sí, me gusta la jaula.

C Identifica.

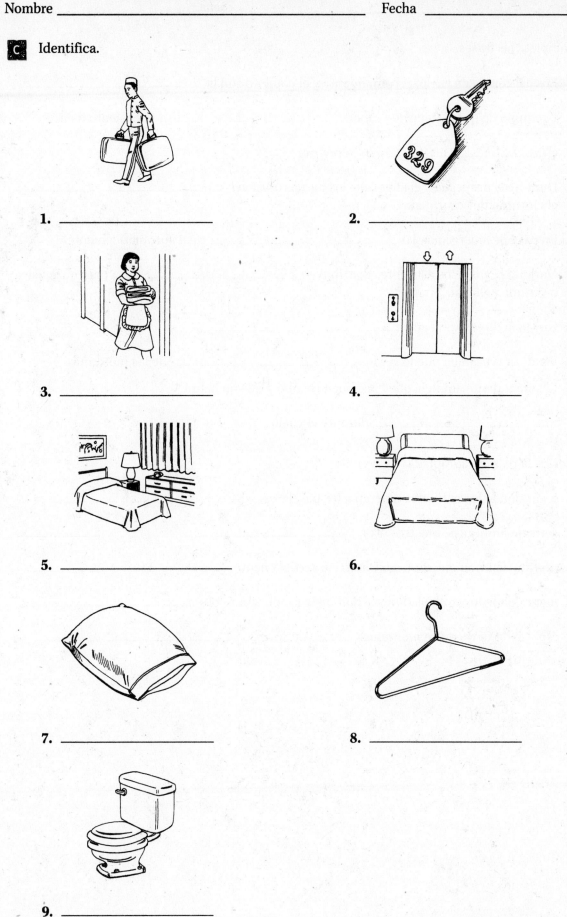

1. _____

2. _____

3. _____

4. _____

5. _____

6. _____

7. _____

8. _____

9. _____

WORKBOOK
Copyright © by The McGraw-Hill Companies, Inc.

¡Buen viaje! Level 2   Check-Up 2   ∽ **85**

Nombre _____ Fecha _____

D Completa las frases.

1. Los asistentes de vuelo, el comandante y el copiloto son la _____.

2. El equipo de mano tiene que caber _____ del asiento o en

   el _____ superior.

3. Durante el despegue y el aterrizaje los pasajeros tienen que _____
   el cinturón de seguridad.

4. En caso de emergencia las _____ caen automáticamente.

5. Durante el vuelo los asistentes distribuyen _____ para oír música
   o ver una película.

6. Un vuelo directo no hace _____.

7. Desde la ventanilla puedo ver los _____ de las montañas.

8. El comandante anuncia que hace buen tiempo y que no habrá

   _____ durante el vuelo.

E Escribe la palabra apropiada.

1. lugar donde los parientes esperan a los pasajeros _____

2. serie de montañas, una tras otra _____

3. un tipo de avión que despega y aterriza verticalmente _____

4. lugar donde los controladores le dan instrucciones al piloto _____

5. espacio de tierra entre montañas _____

F Escribe en el futuro.

1. Yo hago un viaje y Julio hace un viaje también.

_____

2. Vamos al aeropuerto en taxi.

_____

3. Julio y yo tomamos el mismo vuelo.

_____

4. Nuestro vuelo sale a las nueve y media.

_____

5. Nosotros vamos juntos a Madrid y después él va a Sevilla.

_____

6. ¿A qué hora tienen ustedes que estar en el aeropuerto?

_____

G Completa con el condicional del verbo indicado.

1. Yo _____ al parque de atracciones. (ir)

2. Mis amigos _____ a la montaña rusa. (subir)

3. Nosotros _____ helados y los _____
   en el parque. (comprar, comer)

4. Mi amiga Juana _____ por el lago. (remar)

5. Después mis amigos y yo _____ en el zoológico. (entrar)

H Escribe en el condicional.

1. Yo puedo ir a España.

_____

2. Mi hermano viene también.

_____

3. Nosotros salimos muy pronto.

_____

4. ¿Quién tiene que hacer las maletas?

_____

5. ¿Puedes ir con nosotras?

_____

I Contesta con pronombres.

1. ¿Te subió *las maletas* el botones?

_____

2. ¿Te abrió *la puerta?*

_____

3. ¿Te limpió *el cuarto* la camarera?

_____

4. ¿Le pediste *las toallas a la camarera?*

_____

5. ¿Le diste *una propina a la camarera?*

_____

6. El recepcionista les reservó *un cuarto a tus padres?*

_____

Capítulo 8

Emergencias médicas

Vocabulario   PALABRAS 1

A **¿Dónde se ha hecho daño?**   Mira el dibujo y completa las frases.

1. Alicia se ha cortado _____.

2. Laura se ha lastimado _____.

3. Pedro tiene una picadura en _____.

4. Julián se ha dañado _____.

5. Tomás se ha torcido _____.

6. Marisa se ha roto _____.

B **Un accidente de bicicleta**   Completa.

1. Un niño se cayó de la bicicleta y se hizo _____.

2. En seguida llamamos al servicio de _____.

3. El niño se _____ un brazo.

4. Los socorristas lo llevaron al _____.

C **Accidentes** Contesta.

1. ¿Quiénes trabajan en la ambulancia?

   _____

2. ¿Adónde lleva la ambulancia a las víctimas?

   _____

3. ¿Qué tienen algunas personas a las abejas y a ciertas comidas?

   _____

4. ¿Qué pasa si una persona no tiene cuidado con un cuchillo?

   _____

5. Teresa tiene una picadura que le duele mucho. ¿Qué le ha picado?

   _____

Vocabulario   PALABRAS 2

D **En la sala de emergencia**   Describe todo lo que ves en la sala de emergencia.

_____

_____

_____

_____

_____

_____

E **En el hospital**   Escoge la palabra o expresión apropiada.

1. Antes de ser admitido al hospital, el enfermo tiene que llenar _____ .
   a. una fractura   **b.** un formulario   **c.** una recepción

2. Cuando un paciente se rompe un brazo, el técnico le toma _____ .
   a. una radiografía   **b.** el brazo   **c.** las muletas

3. El enfermero le toma _____ a la paciente en la muñeca.
   a. la picadura   **b.** el dolor   **c.** el pulso

4. Han puesto a la paciente en _____ porque no puede caminar.
   a. una silla de ruedas   **b.** un vendaje   **c.** un hombro

5. El médico ha cerrado la herida con _____ .
   a. una camilla   **b.** unos puntos   **c.** unos antibióticos

6. El joven tiene una fractura y le han puesto la pierna en _____ .
   a. un yeso   **b.** un dolor   **c.** una muleta

Estructura

El presente perfecto

A **Una emergencia**   Completa con el presente perfecto del verbo indicado.

1. La víctima del accidente _____ al hospital en ambulancia. (llegar)

2. Sus padres _____ el formulario en la recepción. (llenar)

3. Las enfermeras _____ a la joven en la sala de emergencia. (atender)

4. El técnico le _____ radiografías. (tomar)

5. El cirujano ortopédico le _____ la fractura. (reducir)

6. Ella _____ que pasar unos días en el hospital. (tener)

7. Yo _____ a visitarla en el hospital todos los días. (ir)

Los participios irregulares

B **Dos heridos** Escoge el verbo apropiado para completar las frases en el presente perfecto.

> cortar   poner   decir   ver
>
> cubrir   romper   escribir   volver

1. Yo _____ un accidente.

2. Un joven se _____ el brazo.

3. La médica _____ el brazo en un yeso.

4. Una niña se _____ la mano.

5. El enfermero le _____ la herida con un vendaje.

6. El médico le _____ una receta para antibióticos.

7. Los enfermos _____ a casa después de unas horas.

8. Los médicos les _____ cuándo tienen que volver al hospital.

C **Todo lo que he hecho hoy** Escribe todo lo que has hecho hoy.

1. Hoy yo he _____

2. _____

3. _____

4. _____

5. _____

Comparación de igualdad

D **Roberto y Raúl** Completa las frases con **tan como** o **tanto como**.

1. Roberto está _____ nervioso _____ Raúl.

2. Pero Roberto no está _____ enfermo

   _____ Raúl.

3. Roberto no tiene _____ dolor _____ Raúl.

4. Roberto no tiene _____ fiebre _____ Raúl.

5. Pero Raúl se va a curar _____ rápido

   _____ Roberto.

6. Raúl va a tener que guardar cama _____ días

   _____ Roberto.

7. Ahora Raúl se siente _____ bien _____
   Roberto.

8. Roberto está _____ contento _____ Raúl.

E **Comparaciones** Escribe frases con **tan como** o **tanto como**.

1. El Hospital San Juan admite a muchos pacientes. El Hospital Central admite a muchos
   pacientes.

   _____

   _____

2. Los socorristas son buenos. Los enfermeros son buenos.

   _____

3. La doctora Ruiz es seria. La doctora Blanco es seria.

   _____

4. La sala de emergencia de San Juan tiene muchas camillas. La sala de emergencia del
   Central tiene muchas camillas.

   _____

   _____

Un poco màs

A **Un anuncio médico** Lee este anuncio que apareció recientemente en *El Nacional,* un periódico de Venezuela.

POLICLINICA SANTIAGO DE LEON, C.A.

LA JUNTA DIRECTIVA DE LA POLICLINICA SANTIAGO DE LEON, C.A. ANUNCIA LA APERTURA DEL PERIODO DE CONSIGNACIÓN DE CREDENCIALES PARA:

MEDICOS RESIDENTES
REQUISITOS

1. Título de Médico Cirujano.
2. Certificado de Deontología y Solvencia Colegio Médico del Distrito Federal.
3. Constancia de cumplimiento del Artículo 8 de la Ley de ejercicio de la medicina.
4. Notas y Promedio Certificadas.
5. Solvencia del IMPRES MEDICO.
6. Curriculum Vitae.
7. Fotografía de Frente.
8. Dedicación exclusiva.

Interesados favor consignar sus credenciales y demás requisitos en la Secretaria de la **POLICLINICA SANTIAGO DE LEON, C.A.**, Piso 8 Dpto. de Administración

B **Un anuncio clasificado** Contesta en inglés.

1. What is the Policlínica Santiago de León? _____

2. What is the Policlínica looking for? _____

3. What are some of the prerequisites for applying?

_____

_____

C **Servicios médicos** Esta lista de servicios médicos apareció en las páginas amarillas de San José, Costa Rica. Escoge la especialidad del médico a quien debes consultar si tienes los siguientes síntomas.

CENTRO MEDICO PRIVADO SAN JOSE S.A. CLINICA BURSTIN

NOMBRE	ESPECIALIDAD	TELEFONO
1er. PISO		
Farmacia Centro	Farmacia	221-6194
Laboratorio Labin	Microbiología	222-1987
		223-1671
Dra. Patricia Sáenz	Pediatría	233-9572
Dr. Rafael Oreamuno	Ortopedia	222-0532
2do. PISO		
Dr. Miguel Aguilar	Urología	222-6085
Dr. Mauricio Frajman	Inmunología	223-4690
Dr. Alvaro Montealegre	Urología	223-0547
Dr. Ronald Pérez	Cirujano dentista	224-7790
Dr. José J. Ulloa	Cirujano dentista	222-9606
3er. PISO		
Dr. Manuel García	Oftalmología	223-5831
Dr. Jorge Flikier	Cirugía	222-3171
Dr. Ignacio Lapeira	Oftalmología	222-0946
Dr. Pablo Rozencwaig	Alergia	221-2273
4to. PISO		
Dr. Víctor E. Alvarez P.	Pediatra	222-9359
		223-4709
Dr. Israel Maschel	Ginecología Obstetricia	221-1516
Dr. Michael Nisman	Neurología	221-6909
Dr. Alfonso Obon	Cardiología	233-5435
Dr. Carlos Seravalli	Ginecología Obstetricia	222-7804
5to. PISO		
Dr. Miguel Alfaro	Cirugía Plástica	222-1454
Dr. Jacobo Guzowski	Otorrinolaringología	221-1120
Dr. Claudio Orlich	Urología	233-1514
Dr. J. Francisco Ulloa	Otorrinolaringología	223-3828
		223-9323

Dirección Calle 1 Av. 14
FRENTE CLINICA BIBLICA

1. Tu hermanito no se siente bien y tiene mucha fiebre. _____

2. Te tienen que sacar un diente. _____

3. Cuando estás cerca de un gato siempre estornudas. _____

4. Te has roto la pierna y el médico necesita reducirte el hueso. _____

5. Necesitas un examen de los ojos. _____

6. Te duele mucho la garganta y sufres de sinusitis. _____

7. Te duele el pecho y tienes dificultad en respirar. _____

Mi autobiografía

Have you ever had an accident or had occasion to go to the hospital? If so, describe your experience. Tell who treated you and what treatment you had to undergo. If you have never had an accident or have never been to a hospital, describe a television program dealing with a medical emergency.

Mi autobiografía

Capítulo 9
Ciudad y campo

Vocabulario   PALABRAS 1

A **En la ciudad**   Identifica todo lo que ves en la ciudad.

1. _____   6. _____

2. _____   7. _____

3. _____   8. _____

4. _____   9. _____

5. _____   10. _____

Nombre _____ Fecha _____

B **¿Qué hay en la ciudad?** Escoge la palabra o expresión apropiada.

1. La zona industrial está en _____ de la ciudad.
   a. la plaza   **b.** la fábrica   **c.** las afueras

2. En la zona industrial hay muchas _____ .
   a. fábricas   **b.** casas privadas   **c.** tiendas

3. En la zona comercial hay muchas _____ .
   a. escuelas   **b.** oficinas   **c.** calles pintorescas

4. En la zona residencial hay muchos _____ y condominios.
   a. apartamentos   **b.** rascacielos   **c.** hospitales

5. En el barrio viejo de la ciudad hay callecitas _____ y pintorescas.
   a. anchas   **b.** angostas   **c.** altas

6. Muchas calles y avenidas _____ en la plaza.
   a. cruzan   **b.** caminan   **c.** desembocan

C **El transporte** Completa las frases con la palabra o expresión apropiada.

1. La gente espera el bus en _____ .

2. Los peatones caminan en _____ .

3. Los peatones _____ la calle en el cruce de peatones.

4. Los pasajeros suben _____ de la estación del metro.

5. Antes de abordar el metro, los pasajeros meten _____ en la ranura del torniquete.

6. Los _____ generalmente son muy anchos, pero las callecitas son estrechas.

Vocabulario   PALABRAS 2

D En el campo   Identifica.

1. _____

2. _____

3. _____

4. _____

5. _____

6. _____

7. _____   8. _____

E **La vida en el campo** Escoge para completar las frases.

1. _____ Los campesinos siembran   **a.** manzanos y perales.

2. _____ En el huerto hay   **b.** animales domésticos.

3. _____ La cosecha es   **c.** cereales en la primavera.

4. _____ Los agricultores crían   **d.** en una finca.

5. _____ Los campesinos viven   **e.** en el otoño.

F **¿Qué sabes del campo?** Escribe una palabra apropiada.

1. un árbol que da fruta _____

   _____

2. un animal que da leche

   _____

3. un animal que pone huevos

   _____

4. un lugar que produce vegetales y frutas

   _____

5. un animal que nos da carne

   _____

6. extensión de tierra que cultivan los campesinos

   _____

7. los que trabajan en el campo

   _____

8. lo que hacen los campesinos en el otoño

   _____

Estructura

El imperfecto progresivo

A **¿Qué estaban haciendo?**   Cambia las frases al imperfecto progresivo.

1. Una joven leía en la plaza.

   _____

2. Los obreros construían un rascacielos.

   _____

3. El policía dirigía el tráfico.

   _____

4. Los peatones cruzaban la calle.

   _____

5. Mucha gente salía de la boca del metro.

   _____

6. Yo hacía cola en la parada de bus.

   _____

B **En el restaurante**   Completa con el imperfecto progresivo del verbo indicado.

1. Un mesero _____ las mesas. (poner)

2. Otros _____ la comida. (servir)

3. Una mesera _____ los menús. (distribuir)

4. El cocinero _____ una receta para hacer paella. (leer)

5. Su asistente le _____ las instrucciones. (repetir)

6. Una mesera les _____ agua a unos clientes. (traer)

7. Una señora le _____ otra cuchara a la mesera. (pedir)

8. Mis padres y yo _____ la comida. (esperar)

9. Yo me _____ de hambre. (morir)

Colocación de los pronombres de complemento

C **En el hotel** Escribe cada frase dos veces según el modelo.

El recepcionista me estaba dando la llave.
El recepcionista estaba dándomela.
El recepcionista me la estaba dando.

1. La recepcionista estaba saludando a los clientes.

_____

_____

2. Yo estaba llenando la ficha.

_____

_____

3. El botones me estaba subiendo las maletas.

_____

_____

4. La camarera estaba limpiando el cuarto.

_____

_____

5. Yo estaba poniendo la ropa en el armario.

_____

_____

6. Otra camarera me estaba trayendo las perchas.

_____

_____

D **Durante el vuelo**   Completa según el modelo.

¿Cuándo van a servir *la comida*?
Van a servirla después del despegue.

1. ¿Puedo usar *mi teléfono celular*?

   Lo siento, pero usted no _____.

2. ¿Va usted a distribuir *los audífonos* ahora?

   Ahora no, _____ más tarde.

3. ¿Tengo que abrocharme *el cinturón de seguridad*?

   Sí, _____.

4. ¿Voy a poder usar *la computadora* durante el vuelo?

   Sí, _____.

5. ¿Es posible poner *el equipaje de mano* en el pasillo?

   No, no _____ allí.

6. ¿Dónde puedo lavarme *las manos*?

   _____ en el lavabo.

E **Acabo de hacerlo.**   Contesta según el modelo.

¿Hiciste la tarea?
Acabo de hacerla.

1. ¿Escribiste la carta?

   _____

2. ¿Jorge mandó el fax?

   _____

3. ¿Compraron ustedes las entradas?

   _____

4. ¿Llamaste a tu amiga?

   _____

5. ¿Tus padres te dieron las direcciones?

   _____

6. ¿Te lavaste el pelo?

   _____

Adjetivos y pronombres demostrativos

F **¿Te gustan?** Completa según el modelo.

¿Te gustan estas sábanas aquí?
No, prefiero esas que están allí.

1. ¿Te gusta _____ manta azul que tú tienes?

   No, prefiero _____ que está allí.

2. ¿Te gusta _____ sofá gris que venden aquí?

   No, prefiero _____ que vimos en la otra tienda.

3. ¿Te gustan _____ armarios que hay aquí?

   No, prefiero _____ que están allí a tu derecha.

4. ¿Te gusta _____ almohada que tengo aquí?

   No, prefiero _____ que está allá en el escaparate.

5. ¿Te gustan _____ toallas que hay aquí?

   No, prefiero _____ allá en la vitrina.

6. ¿Te gusta _____ espejo aquí?

   No, prefiero _____ que tienen allí.

G **¡Qué grande es la maleta!** Completa la conversación con la forma correcta de **este, ese** o **aquel.**

—Linda, _____ maleta que yo tengo es pequeña. Pero
                1

_____ maleta que tú llevas es muy grande.
        2

—¿Tú dices que _____ maleta que yo tengo es grande? ¿Ves
                      3

_____ maleta allá?
        4

—¿Estás hablando de la maleta que lleva _____ señora allí cerca de ti?
                                              5

—De la maleta que lleva _____ señor allá en el mostrador.
                              6

—¡Es verdad! _____ maleta que tú tienes es pequeña comparada con
                    7

la maleta que lleva _____ señor.
                          8

Un poco màs

A **La producción de manzanas** Lee el artículo.

Aumentará la producción de manzanas en Coahuila

SALTILLO, Coahuila (Notimex).- La Unión de Fruticultores de la Sierra de Arteaga prevé cosechar este año dos millones de cajas de manzana, 700 mil más que las producidas el año pasado, informó su presidente, Abelardo Aguilar Valdés.

En entrevista, precisó que el año pasado la producción de pequeños propietarios y huertas ejidales fue de un millón 300 mil cajas, debido a la sequía y a la corta temporada de invierno.

Comentó que el principal problema que enfrentan actualmente los fruticultores de la Sierra de Arteaga es la sequía, pues desde hace meses no llueve y el agua en los pozos es insuficiente para regar los manzanos.

B **Un anuncio** Contesta según el artículo.

1. ¿Qué son los miembros de la Unión de Fruticultores de la Sierra de Arteaga?

   _____

2. ¿Quién es el Sr. Aguilar Valdés? _____

3. ¿Qué cantidad de fruta van a producir este año? _____

4. ¿Cuánto produjeron el año pasado? _____

5. ¿De qué fruta trata el artículo? _____

C **La cosecha** Explica en inglés.

1. What were the causes of the poor crop last year? _____

2. What is the major problem they face this year? _____

D **Guatemala moderna** Lee este artículo publicado por el Instituto Guatemalteco de
Turismo.

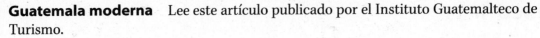

Guatemala moderna

La Ciudad de Guatemala, con sus
modernas edificaciones, cuenta con
instalaciones hoteleras que están a la altura
de las mejores en el mundo y en donde se
brinda el amistoso y afable servicio que es
característico de Guatemala. La ciudad,
además, dispone de canchas de tenis,
campos de golf, piscinas y gimnasios, al
igual que una amplia gama de servicios
para los hombres de negocio y para
convenciones.

La infinidad de restaurantes ofrece una
gran variedad de menús y especialidades
de todo el mundo para satisfacer el exigente
paladar de los visitantes, desde el
nostálgico plato al estilo casero hasta la más
elaborada creación de la alta cocina
francesa... a precios razonables.

Manifestaciones culturales del más alto
nivel se presentan en el Gran Teatro
Nacional, la galería de la Escuela Nacional
de Artes Plásticas, el Museo Nacional de
Historia y Antropología, el Museo de Arte
Moderno, el Museo Ixchel del Traje
Indígena y otros.

En el país se desarrolla una nueva
corriente que incorpora los elementos
tradicionales con las más modernas
técnicas en cerámica de vanguardia y un
nuevo estilo de joyería en jade y plata. De
igual forma, los tejidos indígenas son
interpretados por expertos diseñadores en
originales modelos de alta costura
internacional. Todo ello está a la venta en
establecimientos exclusivos.

Guatemala cuenta con una amplia red de
asfaltadas carreteras que facilita a los
visitantes el acceso a muchas otras ciudades
y lugares de interés en el país. Asimismo,
hay un eficiente servicio de ómnibus y
agencias de automóviles de alquiler.

Por otra parte, la red nacional de teléfono,
telégrafo y télex permite al visitante
ponerse en contacto con cualquier parte del
mundo, y el moderno sistema de televisión,
complementado con la prensa diaria y otras
publicaciones en distintos idiomas,
mantienen informado al visitante con los
acontecimientos mundiales.

Ciudad de Guatemala, metrópolis de
Centro América, ciudad moderna y vibrante
que conserva el encanto de su historia y la
magia de sus tradiciones.

E **Preguntas** Contesta en inglés según el artículo.

1. How are the hotels in Guatemala City?

   _____

   _____

2. What sports facilities does the city have to offer?

   _____

3. What types of restaurants does Guatemala City offer?

   _____

4. What museum would you visit if you wanted to find out about the history of the country?

   _____

5. What materials are used in the new style of jewelry?

   _____

6. How would you describe the highway system of Guatemala City?

   _____

   _____

7. What means of transportation would you use to travel around the country?

   _____

8. What means of communication does the city have to offer?

   _____

Mi autobiografía

Describe the city or town where you live. Mention places of interest you would recommend to someone who has never been there. Include things to do in the city that might appeal to people your age.

Mi autobiografía

Capítulo 10
La cocina hispana

Vocabulario   PALABRAS 1

 ¿Qué hay en la cocina?   Identifica.

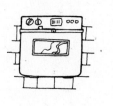

1. _____

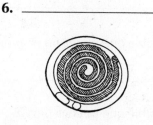

2. _____

3. _____

4. _____

5. _____

6. _____

7. _____

8. _____

9. _____

B **Los comestibles**   Completa cada grupo.

1. tres frutas

   _____

   _____

2. tres legumbres

   _____

   _____

3. tres carnes

   _____

   _____

C **¿Qué necesitas?**   Parea.

1. _____ Voy a freír las papas   **a.** en la cazuela.

2. _____ Voy a hervir el agua   **b.** en la sartén.

3. _____ Voy a revolver los huevos   **c.** en la parrilla.

4. _____ Voy a asar la chuleta   **d.** en una olla.

D **¿Qué haces con los comestibles?**   Completa según las indicaciones.

1. Escribe un comestible que puedes freír.

   _____

   _____

2. Escribe un comestible que pones en el congelador.

   _____

3. Escribe un comestible que puedes hervir.

   _____

4. Escribe un comestible que puedes asar.

   _____

   _____

Vocabulario   PALABRAS 2

E **¿Qué está haciendo el cocinero?**   Escribe una frase para describir cada dibujo.

1. _____
   _____

2. _____
   _____

3. _____
   _____

4. _____
   _____

5. _____
   _____

6. _____
   _____

F **Más comestibles**   Identifica.

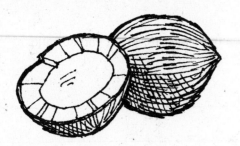

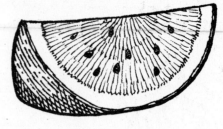

1. _____

2. _____

3. _____

4. _____

5. _____

6. _____

7. _____

8. _____

G **Palabras relacionadas** Parea.

1. _____ rebanar   **a.** la tapa

2. _____ limpiar   **b.** la cocina

3. _____ tapar   **c.** el asado

4. _____ comer   **d.** la rebanada

5. _____ cocinar   **e.** la fritura

6. _____ freír   **f.** la limpieza

7. _____ asar   **g.** la comida, el comestible

H **Preparando la comida** Completa según las indicaciones.

1. tres mariscos: _____

2. lo que se usa para freír _____

3. dos comestibles que se rallan: _____

4. dos comestibles que se rebanan: _____

5. dos comestibles que se pican: _____

6. dos comestibles que se pelan: _____

I **Mi comida favorita** Piensa en algo que te gusta cocinar y explica cómo lo preparas.

_____

_____

_____

_____

_____

_____

_____

_____

Estructura

Imperativo formal: formas regulares

A **Prepare usted la comida, por favor.** Completa con el imperativo del verbo indicado.

1. _____ usted la receta. (Leer)

2. _____ usted las legumbres. (Lavar)

3. _____ usted las latas. (Abrir)

4. _____ usted las cebollas. (Picar)

5. _____ usted el agua. (Hervir)

6. _____ usted el ajo. (Agregar)

7. _____ usted las chuletas. (Freír)

8. _____ usted el horno. (Encender)

9. _____ usted los huevos. (Revolver)

10. _____ usted la cazuela. (Tapar)

B **¡Preparen ustedes la comida!** Escribe las frases de la Actividad A con **ustedes.**

1. _____

2. _____

3. _____

4. _____

5. _____

6. _____

7. _____

8. _____

9. _____

10. _____

El imperativo formal: formas irregulares

C   **Un viaje en tren**   Sigue el modelo.

hacer las maletas
Haga usted las maletas.

1. no salir tarde de su casa

_____

2. no estar nervioso(a)

_____

3. ir a la estación en taxi

_____

4. dar las maletas al maletero.

_____

5. decir dónde está su asiento

_____

6. saber el número del andén

_____

D   **En la ciudad**   Sigue el modelo.

Deben ir a la ciudad.
Vayan ustedes a la ciudad.

1. Deben ir en coche.

_____

2. Deben salir por la mañana.

_____

3. Deben decir adonde van.

_____

4. No deben dar comida a los animales.

_____

5. No deben venir tarde.

_____

Colocación de los pronombres de complemento

E **Hágalo.**   Contesta con mandatos según los modelos.

¿Lavo las papas? (sí)   ¿Pelo los tomates? (no)
Si, lávelas.   No, no los pele usted.

1. ¿Tapo la olla? (sí)

_____

2. ¿Abro las botellas? (sí)

_____

3. ¿Pongo las toronjas en el refrigerador? (sí)

_____

4. ¿Hiervo las salchichas? (no)

_____

5. ¿Agrego el aceite? (no)

_____

6. ¿Corto los pimientos? (sí)

_____

7. ¿Le doy el postre? (sí)

_____

F **Trabajos de hotel**   Escribe mandatos con **ustedes** según el modelo.

No hicimos las camas.
Entonces, háganlas ustedes ahora.

1. No subimos el equipaje.

_____

2. No pusimos jabón en el baño.

_____

3. No limpiamos los cuartos.

_____

4. No cambiamos las toallas.

_____

5. No encendimos el aire acondicionado.

_____

Un poco màs

A **Patatas al vapor** Lee la siguiente receta que apareció en la revista *Cocina Ligera*.

Patatas al vapoı con salsa
No tan calóricas como se cree

Dificultad: fácil
Tiempo: 20 minutos
Precio: barato

INGREDIENTES
500 gr de patatas,
1 ramito de perejil.
Para la salsa:
1 yogur desnatado,
1 limón,
1 ramito de cebollino,
sal y pimienta.

PREPARACION

1 Se pelan y se lavan las patatas; se secan y se cuecen al vapor durante unos 20 minutos aproximadamente.

2 Se prepara la salsa; se pone el yogur en un cuenco, se le añade un chorrito de limón (vigilar que no caigan semillas) y se bate ligeramente; se agrega el cebollino picado y se salpimenta.

3 Se sirven las patatas espolvoreadas con perejil fresco, con la salsa aparte.

B **¿En qué orden?** Pon las instrucciones en orden según la receta.

_____ Lave las patatas.

_____ Agregue el cebollino picado.

_____ Seque las patatas.

_____ Añada limón al yogur.

_____ Cueza las patatas al vapor por 20 minutos.

_____ Ponga el yogur en un cuenco (un recipiente).

_____ Sirva las patatas con perejil.

_____ Pele las patatas.

_____ Bata la salsa de yogur.

C **Para el cocinero** Lee el siguiente anuncio de una tienda en Madrid, España.

D   **En español**   ¿Cómo se dice según el anuncio?

1. grater _____

2. set (of pots) _____

3. set (of knives) _____

4. aluminum _____

5. grill _____

6. steel _____

7. glass cover _____

8. nonstick _____

E   **Preguntas**   Contesta en español según el anuncio.

1. ¿Cuántas piezas hay en la batería de cocina?

_____

2. ¿Cuántas sartenes hay en el juego ? ¿De qué tamaños son?

_____

3. ¿Cuántos cuchillos hay en el juego?

_____

4. ¿Cuál fue (en euros) el precio original del rallador?

_____

5. ¿Cómo son las ollas?

_____

Mi autobiografía

Tell about one or more of your favorite dishes and explain how to prepare them.

Mi autobiografía

Capítulo 11
El coche y la carretera

Vocabulario   PALABRAS 1

A **Coches**   Identifica los estilos y modelos de coches.

1. _____

2. _____

3. _____

4. _____

B **El buen conductor**   Completa las frases con una palabra apropiada.

1. El conductor y los pasajeros deben abrocharse _____.

2. Antes de ir a la derecha o a la izquierda, debe poner _____.

3. Es importante llevar _____ en la maletera.

4. Hay que poner _____ para parar el coche.

5. No debes tocar _____ delante de un hospital.

6. Si manejas de noche tienes que poner _____.

C **¿Qué hace la empleada?** Escribe una frase para describir cada dibujo.

1. _____

2. _____

3. _____

4. _____

5. _____

Vocabulario   PALABRAS 2

D **En la carretera**   Identifica.

1. _____

2. _____

3. _____

4. _____

5. _____

6. _____

E **Un pequeño diccionario**   ¿Cuál es la palabra?

1. _____   aparcar

2. _____   la luz que sirve para dirigir el tráfico

3. _____   donde se encuentran dos calles

4. _____   donde se pone el dinero para estacionar

5. _____   una señal que indica la velocidad máxima

6. _____   el dinero que uno paga para poder manejar en la
autopista

F **¡A manejar!** Contesta según el dibujo.

1. ¿Es una carretera pequeña en el campo o es una autopista en un gran centro urbano?

   _____

2. ¿Cuántos carriles tiene la carretera?

   _____

3. ¿Cuántos carriles hay en cada sentido?

   _____

4. ¿Qué pueblo indica el rótulo?

   _____

5. ¿A qué distancia está?

   _____

6. ¿Cuál es la velocidad máxima?

   _____

7. ¿Se puede adelantar?

   _____

8. ¿Hay una garita de peaje en esta carretera?

   _____

Estructura

Imperativo familiar: formas regulares

A **Las direcciones** Completa con el imperativo familiar del verbo indicado.

1. Primero _____ el motor. (prender)

2. Luego _____ derecho hasta la esquina. (seguir)

3. _____ delante del cruce. (parar)

4. _____ a la derecha y a la izquierda antes de doblar. (mirar)

5. Ahora _____ a la izquierda. (doblar)

6. _____ el rótulo. (leer)

7. _____ el coche. (estacionar)

8. _____ la puerta. (cerrar)

9. _____ una moneda en el parquímetro. (meter)

B **¿Qué debo hacer?** Contesta según el modelo.

¿Leo el mapa?
Sí, lee el mapa.

1. ¿Entro en la carretera municipal?

   _____

2. ¿Pago el peaje?

   _____

3. ¿Manejo más rápido?

   _____

4. ¿Adelanto en el carril izquierdo?

   _____

5. ¿Vuelvo al carril derecho?

   _____

6. ¿Sigo derecho hasta la salida?

   _____

Imperativo familiar: formas irregulares

C **Preparaciones de viaje**   Completa con el imperativo familiar del verbo indicado.

1. _____ las maletas. (Hacer)

2. _____ temprano. (Salir)

3. _____ a la gasolinera. (Ir)

4. _____ gasolina sin plomo en el tanque. (Poner)

5. _____ cuidado en la autopista. (Tener)

6. _____ bueno con los otros conductores. (Ser)

D **Al supermercado**   Escribe las direcciones para ir de tu casa al supermercado.

_____

_____

_____

_____

_____

_____

_____

_____

_____

_____

_____

_____

Imperativo negativo

E **¡No y no!** Completa con **no** y el imperativo del verbo.

1. Escribe en el cuaderno. ¡_____ en el libro!

2. Haz la tarea ahora. ¡_____ la tarea después!

3. Cambia las sábanas. ¡_____ las toallas!

4. Corre en el parque. ¡_____ en la sala!

5. Sube en el ascensor. ¡_____ por la escalera!

6. Pon la ropa en el armario. ¡_____ la ropa en el piso!

7. Sirve frutas. ¡_____ pastel!

8. Juega al ajedrez. ¡_____ a las damas!

9. Ve en carro. ¡_____ en bicicleta!

10. Di hasta luego. ¡_____ adiós!

F **En la autopista** Escribe mandatos familiares con **no** según el modelo.

manejar solo(a)
No manejes solo(a).

1. ser tímido(a)   _____

2. jugar con la bocina   _____

3. ir rápido   _____

4. estar nervioso(a)   _____

5. salir de la autopista   _____

6. dar instrucciones   _____

G **Más y más mandatos** Sigue el modelo.

escribirlo
Juan, escríbelo. No lo escribas.
Señor, escríbalo. No lo escriba usted.

1. llamarlo

Juan, _____.

Señor, _____.

2. leérmelo

Juan, _____.

Señor, _____.

3. escribírmela

Juan, _____.

Señor, _____.

4. dárselo a él

Juan, _____.

Señor, _____.

5. decírmelo

Juan, _____.

Señor, _____.

6. pedírselo a él

Juan, _____.

Señor, _____.

Un poco màs

A   **Presta atención.**   Lee este folleto para niños que publicó *Luchemos por la vida,* una asociación argentina que se dedica a la prevención de accidentes de tráfico.

B   **Para la seguridad de los peatones**   Escribe en inglés lo que les dice este folleto a los niños sobre cómo prevenir accidentes en la calle.

_____

_____

_____

_____

C   **Hablemos «argentino».**   En Argentina los mandatos informales se forman de una manera diferente. Escribe el mandato informal que corresponde a los siguientes mandatos «en argentino».

1. prestá atención   _____

2. hacélo sin correr   _____

3. esperá sobre la vereda (acera)   _____

4. mirá a ambos lados   _____

D **Un mapa de la ciudad** Mira este mapa de Santa Elena de Uairén, una ciudad en el sureste de Venezuela.

Santa Elena de Uairén
la capital de la Gran Sabana

Casco Central

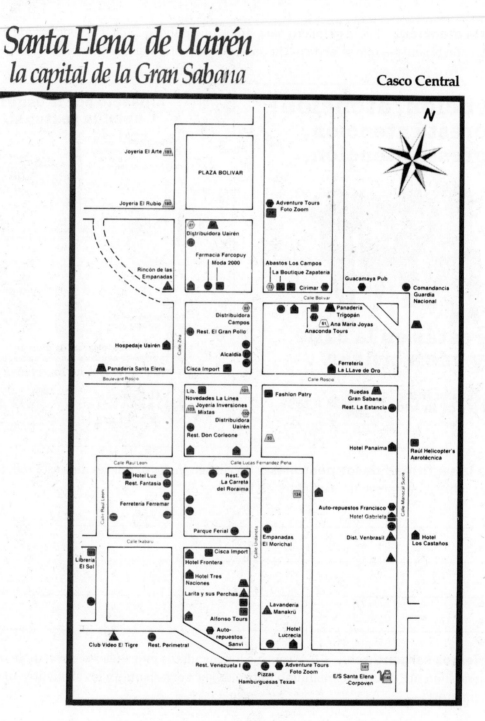

E **Las direcciones** Tú estás en el Hotel Frontera, en la esquina de la calle Ikabarú y la calle Zea. Escribe las direcciones usando un mandato familiar.

1. Por favor, ¿dónde está la panadería Santa Elena?

_____

_____

_____

2. Quiero ir al Restaurante la Estancia.

_____

_____

_____

3. ¿La librería El Sol, por favor?

_____

_____

_____

4. ¿Dónde está la Boutique Zapatería?

_____

_____

_____

5. ¿Me puedes decir cómo voy a la joyería El Arte?

_____

_____

_____

Mi autobiografía

Describe your car or family car. If you don't have one describe your ideal car. What advice would you give to a new driver? What are some things that he or she should avoid on the road?

Mi autobiografía

CHECK-UP 3

A Completa con la palabra apropiada.

1. Los _____ llevan a las víctimas al hospital en una

   _____.

2. El niño tiene alergia a las _____ de abeja.

3. El técnico del hospital toma una _____ del brazo para ver si hay
   una fractura.

4. La médica cierra la herida con unos _____.

5. El joven tiene que andar con _____ porque se ha roto la pierna.

6. La enfermera le toma el _____ en la muñeca.

7. El _____, el _____ y la

   _____ son partes de la pierna.

8. La _____, los _____ y la

   _____ son partes del brazo.

B Identifica.

1. _____   2. _____   3. _____

4. _____   5. _____   6. _____

WORKBOOK
Copyright © by The McGraw-Hill Companies, Inc.

¡Buen viaje! Level 2 Check-Up 3 133

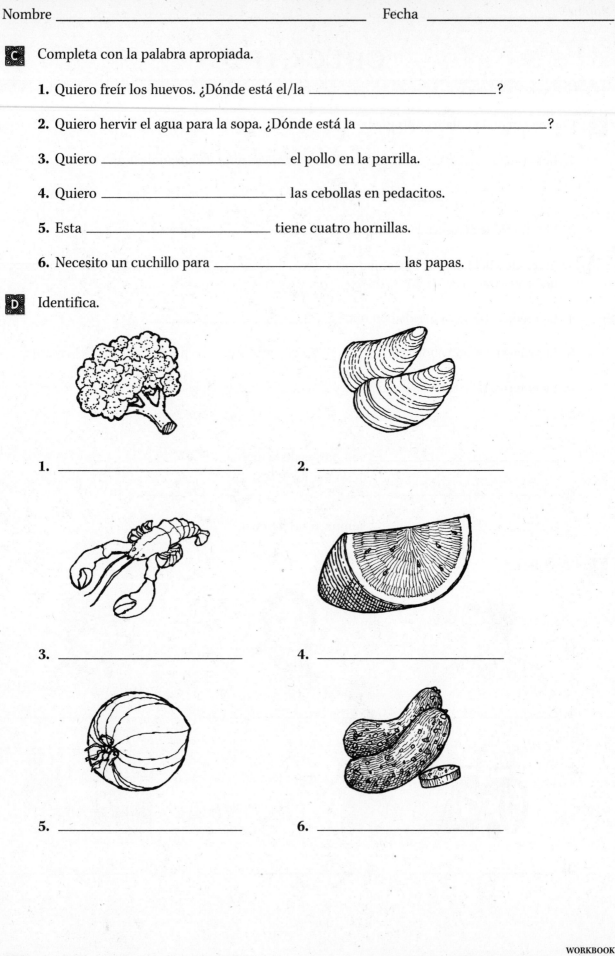

Nombre _____   Fecha _____

C Completa con la palabra apropiada.

1. Quiero freír los huevos. ¿Dónde está el/la _____?

2. Quiero hervir el agua para la sopa. ¿Dónde está la _____?

3. Quiero _____ el pollo en la parrilla.

4. Quiero _____ las cebollas en pedacitos.

5. Esta _____ tiene cuatro hornillas.

6. Necesito un cuchillo para _____ las papas.

D Identifica.

1. _____   2. _____

3. _____   4. _____

5. _____   6. _____

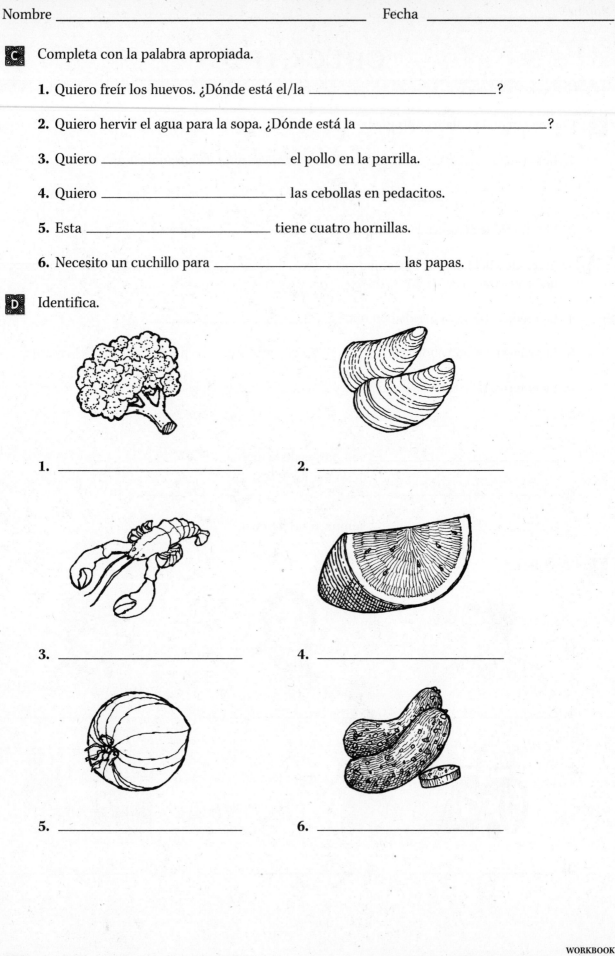

Nombre _____ Fecha _____

E Completa las frases con una palabra o expresión apropiada.

1. Los _____ caminan por la acera.

2. Los pasajeros esperan el bus en la _____.

3. Una zona industrial tiene muchas _____ donde los obreros trabajan.

4. Los _____ son edificios muy altos.

5. Hay muchas _____ en la zona comercial de la ciudad.

6. Los pasajeros del metro tienen que poner el _____ en la ranura.

F Escoge la respuesta apropiada.

1. Las gallinas ponen _____.
   a. leche
   b. fruta
   c. huevos

2. Los campesinos siembran cereales en _____.
   a. la primavera
   b. el verano
   c. el otoño

3. La cosecha es en _____.
   a. la primavera
   b. el otoño
   c. el invierno

4. Este huerto tiene muchos _____.
   a. mariscos
   b. cerdos
   c. manzanos

5. Los campesinos viven en _____.
   a. una finca
   b. un condominio
   c. una plaza

G Corrige las frases.

1. El conductor debe pagar el peaje en el parquímetro.

   _____

2. Todos los pasajeros del carro deben abrocharse el claxon.

   _____

3. Antes de doblar debes poner las luces.

   _____

4. El empleado de la gasolinera tiene que abrir la maletera para poner agua en el radiador.

   _____

5. Es una buena idea verificar la presión del parabrisas.

   _____

6. Las autopistas tienen paradas en cada sentido.

   _____

7. Si quieres estacionar el coche, debes poner una moneda en el freno.

   _____

8. Es necesario parar cuando hay una luz verde.

   _____

H Contesta según el modelo.

¿Vas a estudiar?
No, ya he estudiado.

1. ¿Vas a comer?

   _____

2. ¿Vas a salir?

   _____

3. ¿Ella va a atender a los enfermos?

   _____

4. ¿Los socorristas van a ayudar a las víctimas?

   _____

5. ¿Tú vas a poner las mesas?

_____

6. ¿Ustedes van a devolver los libros?

_____

7. ¿El médico va a escribir la receta?

_____

8. ¿Ellos van a abrir las ventanas?

_____

Completa con tan... como o tanto... como.

1. Ella es _____ inteligente _____ yo. Es

decir que ella recibe _____ notas buenas

_____ yo.

2. El edificio Bolívar es _____ alto _____ el

edificio Hidalgo. Es decir que el edificio Bolívar tiene _____ pisos

_____ el edificio Hidalgo.

3. Ellos son _____ ricos _____ nosotros. Es

decir que ellos tienen _____ dinero _____

nosotros.

Completa con el imperfecto progresivo del verbo indicado.

1. Los obreros _____ en las fábricas. (trabajar)

2. El peatón _____ la calle. (cruzar)

3. Los niños _____ revistas. (leer)

4. Yo _____ de la oficina. (salir)

5. Las meseras _____ la comida. (servir)

6. Nosotros _____ de hambre. (morirse)

7. Un pasajero _____ en el tren. (dormir)

8. Otros pasajeros _____ música. (oír)

K Escribe las frases de dos maneras con el pronombre apropiado según el modelo.

Ella quiere ver *el campo*.
Ella quiere verlo. Ella lo quiere ver.

1. Ella quiere visitar *la finca*.

_____

2. Ellos tienen que cultivar *los campos*.

_____

3. El campesino va a cosechar *el maíz*.

_____

4. Estamos mirando *las vacas*.

_____

5. Él me estaba mostrando *la finca*.

_____

L Escribe las frases según el modelo.

He llegado.
Acabo de llegar.

1. He comido.

_____

2. Hemos tomado el examen.

_____

3. Ellos lo han escrito.

_____

4. La médica la ha examinado.

_____

Capítulo 12

Los servicios al público

Vocabulario   PALABRAS 1

A **En la peluquería** Identifica lo que ves en el dibujo.

1. _____

2. _____

3. _____

4. _____

5. _____

6. _____

7. _____

8. _____

9. _____

B **Un corte de pelo**   Completa con una palabra apropiada.

1. Usted lleva el pelo muy largo. Necesita _____ de pelo.

2. ¿Quiere que le corte el pelo con _____ o con navaja?

3. ¿Lleva usted _____ en el pelo a la derecha o a la izquierda?

4. ¿Se lava usted el pelo con jabón o con _____?

5. ¿Quiere que le seque el pelo con _____ o con una toalla?

C **En la tintorería**   Identifica.

1. _____   2. _____

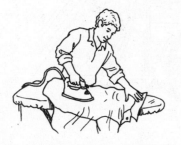

3. _____   4. _____

5. _____

D **Un pequeño diccionario**   Escribe una palabra apropiada para cada definición.

1. _____   ropa sucia que uno tiene que lavar

2. _____   lugar donde limpian la ropa en seco

3. _____   material del que se hacen muchas camisas

4. _____   material del que se hacen muchos suéteres

E **Para limpiar la ropa**   Completa según se indica.

1. Escribe dos artículos de ropa que lavas en casa.

_____

_____

2. Escribe dos artículos de ropa que planchas.

_____

3. Escribe dos artículos de ropa que llevas a la tintorería para limpiar en seco.

_____

Vocabulario   PALABRAS 2

F **En el correo**   Escribe una frase para describir cada dibujo.

1. _____

2. _____

3. _____

4. _____

5. _____

Nombre _____ Fecha _____

G **En el banco** Identifica.

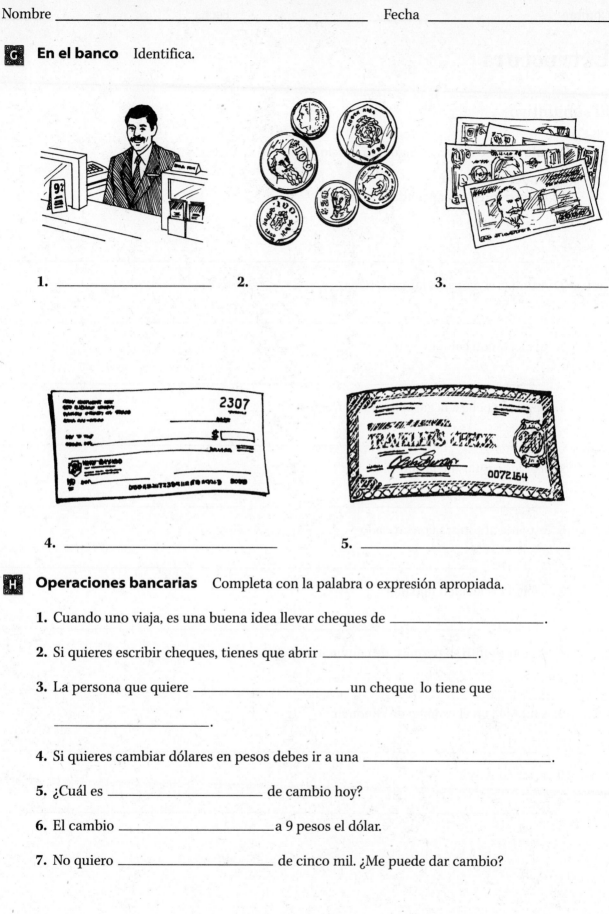

1. _____   2. _____   3. _____

4. _____   5. _____

H **Operaciones bancarias** Completa con la palabra o expresión apropiada.

1. Cuando uno viaja, es una buena idea llevar cheques de _____.

2. Si quieres escribir cheques, tienes que abrir _____.

3. La persona que quiere _____ un cheque lo tiene que

_____ .

4. Si quieres cambiar dólares en pesos debes ir a una _____.

5. ¿Cuál es _____ de cambio hoy?

6. El cambio _____ a 9 pesos el dólar.

7. No quiero _____ de cinco mil. ¿Me puede dar cambio?

Estructura

El subjuntivo

 Yo quiero que Ana...   Sigue el modelo.

aprender a manejar
Yo quiero que Ana aprenda a manejar.

1. lavar el coche

   _____

2. estudiar el mapa de las carreteras

   _____

3. manejar con calma

   _____

4. llevar el coche a la gasolinera con frecuencia

   _____

5. leer los rótulos de la autopista

   _____

6. ir por la autopista con cuidado

   _____

7. saber la velocidad máxima

   _____

8. recibir pronto su permiso de conducir

   _____

9. salir bien en el examen de conducir

   _____

10. estar contenta

    _____

El subjuntivo en cláusulas nominales

B **La profesora insiste...** Forma frases según el modelo.

Los alumnos no prestan atención.
La profesora insiste en que los alumnos presten atención.

1. Tú no haces la tarea.

_____

2. Ustedes no toman apuntes.

_____

3. Yo no salgo bien en los exámenes.

_____

4. Los alumnos no ven películas en español.

_____

5. Mi compañera no sabe bien los verbos.

_____

6. Ustedes no dicen «Buenos días».

_____

7. Tú no eres generoso con los otros alumnos.

_____

8. Ustedes no van al Club de español.

_____

C **En la peluquería** Completa con el subjuntivo del verbo indicado.

1. Quiero que la peluquera te _____ el pelo muy corto. (cortar)

2. Pues yo prefiero que ella sólo me _____ un champú. (dar)

3. Tengo miedo de que ella no _____ cortar bien el pelo. (saber)

4. Ese señor desea que tú le _____ el pelo. (secar)

5. Temo que el peluquero no _____ mucha experiencia. (tener)

6. Espero que las clientes no _____ tarde. (llegar)

7. La peluquera insiste en que todos los clientes _____ puntuales. (ser)

D **¿Qué sientes?** Forma frases según el modelo.

Nosotros vamos en carro.
Mamá tiene miedo de que nosotros vayamos en carro.

1. Yo sé la verdad.

   Ellos temen _____.

2. Tú tienes suerte.

   Nosotros deseamos _____.

3. Ustedes vuelven temprano.

   La profesora insiste en _____.

4. Los niños juegan en el parque.

   La tía Julia prefiere _____.

5. Luisita asiste a la universidad.

   Todos queremos _____.

6. Tú estás en casa temprano.

   Quiero _____.

7. Ustedes le dan dinero.

   No queremos _____.

8. Ellos saludan a los amigos.

   Esperamos _____.

9. Los alumnos hacen su trabajo.

   La profesora manda _____.

10. La peluquera corta el pelo con tijeras.

    El señor prefiere _____.

Nombre _____ Fecha _____

E **Los abuelos** Completa el diálogo con la forma apropiada del verbo indicado.

DOÑA FELISA: Espero que Susana y Carlos _____ a tiempo. (llegar)

DON EMILIO: Temo que Carlos no _____ la dirección del teatro. (saber)

DOÑA FELISA: Sí, pero Susana sabe donde está. Ella siempre insiste en que yo le

_____ toda la información. (dar)

DON EMILIO: Yo siempre prefiero que ellos _____ en tren. Es más seguro. (venir)

DOÑA FELISA: De acuerdo. Yo también prefiero que ellos _____ el tren. (tomar)

DON EMILIO: Bueno. Sólo quiero que todos nosotros _____ juntos hoy. (estar)

El subjuntivo con expresiones impersonales

F **Los quehaceres** Forma oraciones según el modelo.

(es importante) Yo compro sellos hoy.
Es importante que yo compre sellos hoy.

1. (es necesario) Nosotros vamos al supermercado.

_____

2. (es importante) Llegas temprano.

_____

3. (es mejor) Ellos saben los precios de los productos.

_____

4. (es bueno) Usted lleva bastante dinero.

_____

5. (es probable) La temperatura no sube.

_____

6. (es importante) Yo recibo el cambio correcto.

_____

G **¿Qué opinas?** Contesta.

1. ¿Es importante que los jóvenes manejen a los quince años?

_____

2. ¿Es necesario que todos tengamos computadoras?

_____

3. ¿Es mejor que vivamos en ciudades grandes?

_____

4. ¿Es necesario que veamos televisión todos los días?

_____

5. ¿Es bueno que comamos sólo vegetales?

_____

6. ¿Es importante que asistamos a la universidad?

_____

H **Es necesario que yo lo haga.** Completa las siguientes frases.

1. Es necesario que yo _____

2. Es imposible que yo _____

3. Es probable que mis amigos _____

4. Es difícil que mi escuela _____

Un poco màs

A **Para enviar dinero a México**   Lee este aviso sobre cómo mandar dinero a México.

Para enviar dinero a México

Western Union le da a usted 2 opciones.

1) **WESTERN UNION** | **GIRO TELEGRAFICO**®
(el dinero llega a oficinas de Telégrafos)

NUEVO 2) **WESTERN UNION** | **DINERO EN MINUTOS**™
(el dinero llega a tiendas de Elektra)

(Seleccione usted el servicio preferido en el formulario adjunto.) ➡

Las diferencias entre el Giro Telegráfico y Dinero en Minutos:

WESTERN UNION | **GIRO TELEGRAFICO**®	**WESTERN UNION** | **DINERO EN MINUTOS**™
• Dinero llega a oficinas de Telégrafos	• Dinero llega a cualquier tienda de Elektra por todo el país de México
• Dinero llega en 1 día (en ciudades principales) o 2 días	• Dinero llega en sólo minutos
• Beneficiario notificado por la oficina de Telégrafos	• **USTED TIENE QUE AVISARLE AL BENEFICIARIO**

Pida información con su agente o llame gratis al 1-800-325-4045

B **Dos opciones**   Contesta.

1. ¿Cuáles son los dos servicios que ofrece Western Union? _____

_____

2. ¿Cuál es el servicio más rápido? _____

3. ¿En cuántos días llega el dinero a México por giro telegráfico? _____

4. ¿Adónde llega el dinero que se manda por giro telegráfico? _____

5. ¿Quién tiene que avisar al beneficiario que recibe el dinero en minutos? _____

_____

C **Tintes para el pelo** Lee este artículo que apareció en una revista mexicana.

ESCOGE TU TINTE

Mi cabello es negro y me gustaría aclararlo. No quiero usar tintes ni nada por el estilo porque me lo dañarían. He probado los champús de manzanilla, pero no me han dado ningún resultado. Quisiera que me recomendaran algún champú o solución natural para aclararme el cabello.

Anónimo
México

La manzanilla sólo funciona en tonos castaños claros y rubios. Ten en mente que el cabello negro tiende a aclararse en rojo. **La mejor manera de aclararlo es con algún efecto de luces, brillos o rayos** que te apliquen en el salón. No necesitas usar un tinte "sintético". Ya hay una nueva línea de tintes hechos con ingredientes naturales que se aplican en el salón y nutren y protegen tu cabello. Son tintes al agua, porque además de que necesitan de ella para mezclarse, **se caen después de 12 champús.** La henna es otra opción natural, pero pídele a tu mamá o a una amiga que te ayude a ponértela, para que te quede parejita. Si quieres más información, checa el artículo de "Tintes" que se publicó en el número pasado.

D **¿Cómo se dice?** Busca las expresiones equivalentes en español.

1. hair dye _____

2. to lighten _____

3. chamomile shampoo _____

4. highlights _____

5. a new line _____

E **Preguntas** Contesta en inglés según el artículo.

1. The girl who wrote the letter is seeking advice about her hair. What does she want to do with it?

   _____

2. Why didn't the chamomile shampoo give good results?

   _____

   _____

3. According to the magazine editor, what's the best way to lighten one's hair?

   _____

4. How long do the water dyes last?

   _____

5. What's the other natural dye that the editor recommends?

   _____

Mi autobiografía

Write about some of the errands that you have to do. Do you have to go to the post office, to the bank, to the dry cleaners? Do your parents insist that you go? Tell about the type of transactions involved when you visit these places.

Mi autobiografía

Capítulo 13
¡Fiestas!

Vocabulario   PALABRAS 1

A **Una boda** Identifica.

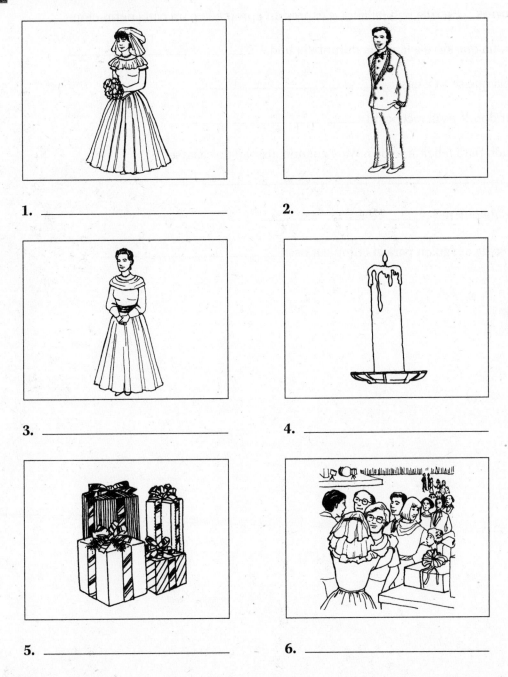

1. _____   2. _____

3. _____   4. _____

5. _____   6. _____

B Palabras relacionadas Parea.

1. _____ invitar   **a.** la celebración

2. _____ celebrar   **b.** las felicitaciones

3. _____ felicitar   **c.** la recepción

4. _____ regalar   **d.** la invitación

5. _____ recibir   **e.** el regalo

C Definiciones Escribe una palabra o expresión apropiada para cada definición.

1. la persona que sirve a la novia durante la boda _____

2. la pareja que se va a casar _____

3. el lugar donde es la recepción _____

4. expresión para felicitar a los novios cuando acaban de casarse

   _____

5. un tipo de postre _____

6. lo que se da a alguien para el cumpleaños _____

Vocabulario   PALABRAS 2

D **¿Qué es?**   Identifica.

1. _____

2. _____

3. _____

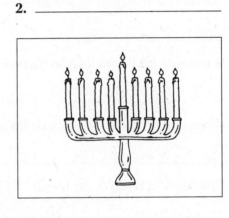

4. _____

5. _____

E **Días de fiesta** Contesta.

1. ¿Cuál es la fecha de la Navidad?

_____

2. ¿Cuál es la fecha de la Nochebuena?

_____

3. ¿Qué fiesta se celebra el seis de enero?

_____

4. ¿Qué esperan los niños el seis de enero?

_____

5. ¿Por qué ponen los niños paja en sus zapatos ese día?

_____

6. ¿Cuál es la fecha de la víspera de Año Nuevo?

_____

7. ¿Cuál es el nombre hebreo de la fiesta de las luces?

_____

8. ¿Cuántos días dura la fiesta de las luces?

_____

F **Hablemos de fiestas.** Completa con una palabra o expresión apropiada.

1. La víspera de la Navidad es _____ .

2. Otro nombre para la víspera del Año Nuevo es _____ .

3. La gente celebra el Año Nuevo cuando el reloj _____ .

4. La fiesta de las luces es una fiesta _____ .

5. Durante la fiesta de Hanuka _____ enciende

_____ de la menora.

6. La menora tiene nueve _____ .

Estructura

El subjuntivo con verbos de cambio radical

A **Él quiere.** Sigue el modelo.

encontrarlo.
Él quiere que yo lo encuentre.
Él quiere que nosotros lo encontremos.

1. recordarlo

_____

_____

2. devolverlo

_____

_____

3. jugar

_____

_____

4. perderlo

_____

_____

5. dormir

_____

_____

6. cerrarlo

_____

_____

7. pedirlo

_____

_____

El subjuntivo con verbos como pedir y aconsejar

B **Consejos** Completa.

1. Mis padres me piden que (yo)...

   a. (volver temprano a casa) _____

   b. (acostarme temprano) _____

   c. _____

2. Yo le aconsejo a mi mejor amigo(a) que...

   a. (no casarse ahora) _____

   b. (hacer más ejercicio) _____

   c. _____

3. La profesora nos sugiere que...

   a. (aprender otras lenguas) _____

   b. (ir a España) _____

   c. _____

4. Mis amigos me dicen que (yo)...

   a. (manejar con cuidado) _____

   b. (salir con ellos) _____

   c. _____

5. Yo le escribo a mi amigo(a) que...

   a. (venir a visitarme) _____

   b. (escribirme frecuentemente) _____

   c. _____

6. Yo te sugiero que...

   a. (no llegar tarde a la fiesta) _____

   b. (cortarte el pelo) _____

   c. _____

El subjuntivo con expresiones de duda

C Dudas y más Sigue el modelo.

Creo que llegarán.

Roberto no cree _____.

1. Creo que llegarán.

   Roberto no cree _____.

2. Carolina duda que estén presentes.

   Yo no dudo _____.

3. Es cierto que vendrán.

   Es dudoso _____.

4. No cree que sea una buena idea.

   Ellos creen _____.

5. Roberto está seguro que ellos lo saben.

   Yo no estoy seguro(a) _____.

6. Creo que lo harán.

   Sus padres no creen _____.

7. Dudo que ellos lo sepan.

   María no duda _____.

8. Es cierto que nevará hoy.

   No es cierto _____.

9. Dudamos que José pueda ir.

   Paco no duda _____.

10. Estoy seguro que el examen será fácil.

    El profesor no está seguro _____.

11. Antonia cree que la fiesta es a las seis.

    María no cree _____.

El subjuntivo con expresiones de emoción

D **¿Cómo te sientes?** Escoge expresiones de la lista para escribir cómo te sientes en las siguientes situaciones. Sigue el modelo.

> me alegro de que   siento que   me sorprende que
>
> es una lástima que   estoy contento(a) de que   (no) me gusta

Tu mejor amiga se casa este año.
Me sorprende que mi mejor amiga se case este año.

1. Tu amiga no puede asistir a tu cumpleaños.

   _____

2. Tus padres te regalan un coche.

   _____

3. La cafetería de la escuela no sirve pizza.

   _____

4. Recibes una mala nota.

   _____

5. Tu equipo favorito gana el partido.

   _____

6. Tus amigos no te invitan a la fiesta.

   _____

8. Tu hermano te pide dinero.

   _____

9. Tu novio(a) sale con tu mejor amigo(a).

   _____

E **Emociones** Completa.

1. Estoy contento(a) de que mis amigos...

   a. _____

   b. _____

   c. _____

2. Es una lástima que...

   a. _____

   b. _____

   c. _____

3. Me sorprende que tú...

   a. _____

   b. _____

   c. _____

4. Siento mucho que ustedes...

   a. _____

   b. _____

   c. _____

5. Él está contento que nosotros...

   a. _____

   b. _____

   c. _____

6. No me gusta que ella...

   a. _____

   b. _____

   c. _____

Nombre _____ Fecha _____

Un poco màs

A **Una boda** Lee el siguiente anuncio que apareció en *El País*, un periódico de Colombia. Escribe en inglés lo que dice el artículo.

> **Rafael Falabella Falabella y** María Inés Botero de Falabella, Bernardo Henao Gil y Betty Riveros de Henao participan en el matrimonio de sus hijos María Antonia Falabella y Bernardo Henao Riveros. La ceremonia tendrá lugar el sábado 7 de noviembre, a las 7:00 p.m., en la iglesia de La Merced. Después se ofrecerá una recepción en el Club Campestre.

_____

_____

_____

_____

_____

 B **Preguntas** Contesta según el anuncio.

1. ¿Cómo se llama el novio?

_____

2. ¿Cómo se llama la novia?

_____

3. ¿Quién es Betty Riveros de Henao?

_____

4. ¿Dónde tendrá lugar la ceremonia?

_____

5. ¿Dónde será la recepción?

_____

C **Un nacimiento** Lee el siguiente anuncio social.

> **De plácemes se encuentran**
> Andrés Vallejo Martínez y Angela
> María Domínguez Ayala, con el
> nacimiento de su primogénito a
> quien bautizaron con el nombre de
> Santiago. Felicitaciones a sus pa-
> dres; a sus abuelos Enriqueta Ayala
> de Domínguez, Héctor Vallejo
> O'Byrne y Gloria Martínez de
> Vallejo.

D **¿Qué dice el anuncio?** Escribe en inglés lo que anuncia el artículo.

_____

_____

_____

E **En español** Busca las siguientes expresiones.

1. birth _____

2. baptized _____

3. first-born _____

Mi autobiografía

Write about your favorite holiday. When does it take place? Where do you celebrate it? With whom? What are some of the customs and traditions associated with that holiday?

Mi autobiografía

Nombre _____ Fecha _____

Capítulo 14
Profesiones y oficios

Vocabulario PALABRAS 1

A **¿Quién es la persona?** Identifica.

1. Instala y repara los baños y lavabos. _____

2. Prepara cuentas y documentos financieros. _____

3. Trabaja para el gobierno municipal. _____

4. Instala y repara las luces. _____

5. Trabaja en una oficina y ayuda al/a la gerente con correspondencia. _____

6. Trabaja en una tienda y se dedica a la compra y venta de mercancías. _____

B **¿Dónde trabajan?** Explica dónde trabaja cada una de las siguientes personas.

1. el/la contable

_____

2. el/la abogado(a)

_____

3. el/la comerciante

_____

4. el/la funcionario(a)

_____

5. el/la juez

_____

6. el/la profesor(a)

_____

7. el/la médico(a)

_____

C **Los trabajos** Escoge.

1. Las profesiones requieren _____ .
   a. dinero   **b.** un título universitario   **c.** una licencia

2. Los oficios son trabajos de _____ como plomeros y carpinteros.
   a. abogados   **b.** gerentes   **c.** especialistas

3. Los comerciantes se dedican a la venta y compra de _____ .
   a. mercancía   **b.** billetes   **c.** informática

4. _____ prepara las cuentas y los documentos financieros.
   a. Un ingeniero   **b.** Un contable   **c.** Un juez

5. Si quieres construir una casa necesitas los servicios de _____ .
   a. un alcalde   **b.** una secretaria   **c.** una arquitecta

6. Si tienes un problema legal puedes consultar a _____ .
   a. un abogado   **b.** un albañil   **c.** un gerente

7. Si necesitas reparar el inodoro o el lavabo puedes llamar a un _____ .
   a. carpintero   **b.** electricista   **c.** plomero

Vocabulario   PALABRAS 2

D **Una entrevista** Describe.

_____

_____

_____

_____

_____

_____

_____

E **En busca de empleo** Completa las frases con una palabra o expresión apropiada.

1. El departamento de personal se llama a veces el departamento de

   _____.

2. Puedes buscar un puesto en los _____ del periódico.

3. _____ va al departamento de personal para una entrevista.

4. Antes de tener una entrevista es necesario llenar una _____.

5. Una persona que trabaja cuarenta horas por semana trabaja _____.

6. Un trabajo de menos de cuarenta horas es un trabajo _____.

F **Preguntas personales** Contesta las preguntas.

1. ¿Qué profesión te interesaría?

   _____

2. ¿Qué harías para prepararte para esta profesión?

   _____

3. ¿Dónde te gustaría trabajar?

   _____

4. ¿Quieres trabajar a tiempo completo o a tiempo parcial?

   _____

5. ¿Prefieres un trabajo a tiempo completo o parcial?

   _____

6. ¿Hablas otras lenguas? ¿Cuáles?

   _____

7. ¿Qué salario pedirías?

   _____

Nombre _____ Fecha _____

Estructura

Infinitivo o subjuntivo

A A la gasolinera Completa con la forma apropiada del verbo indicado.

1. Yo quiero _____ al banco. (ir)

2. Papá prefiere que tú _____ al banco. (ir)

3. Yo prefiero _____ con cheques de viajero cuando viajo. (pagar)

4. Yo prefiero que ellos _____ con cheques de viajero cuando viajan. (pagar)

5. Es imposible _____ un suéter de lana. (lavar)

6. Es necesario que tú lo _____ a la tintorería. (llevar)

7. ¿Quieres que yo _____ en efectivo? (pagar)

8. No, es mejor _____ con tarjeta de crédito. (pagar)

El subjuntivo con **ojalá** y **quizá(s)**

B Un viaje en avión Sigue el modelo.

Vamos a abordar a las ocho.
Ojalá que abordemos a las ocho.

1. No vamos a salir tarde.

_____

2. El avión va a despegar a tiempo.

_____

3. Va a ser un vuelo directo.

_____

4. Va a hacer buen tiempo.

_____

5. Me van a dar un asiento en la ventanilla.

_____

C **El accidente de Rosita**   Contesta según el modelo.

¿Estará en la sala de emergencia?
Quizás esté en la sala de emergencia.

1. ¿Tendrá una fractura?

   _____

2. ¿Le tomarán una radiografía?

   _____

3. ¿Le reducirán el hueso?

   _____

4. ¿Le dolerá mucho?

   _____

5. ¿Le pondrán la pierna en un yeso?

   _____

6. ¿Tendrá que andar con muletas?

   _____

D **¡Ojalá que sí!**   Escribe tres cosas que quieres que te ocurra usando **Ojalá que…**

1. _____

2. _____

3. _____

E **Quizás lo haga.**   Escribe tres cosas que es posible que le ocurran a tu amigo(a) en el futuro.

1. _____

2. _____

3. _____

Nombre _____ Fecha _____

El subjuntivo en cláusulas relativas

F **Buscamos empleados.** Completa las frases según se indica.

1. Necesito una secretaria que...

   a. (saber usar la computadora) _____

   b. (ser bilingüe) _____

   c. (trabajar a tiempo completo) _____

   d. _____

2. Conozco a un vendedor que...

   a. (hablar inglés y español) _____

   b. (tener experiencia en ventas) _____

   c. (poder viajar) _____

   d. _____

3. Estamos buscando socorristas que...

   a. (ayudar a los médicos) _____

   b. (conducir ambulancias) _____

   c. (poder dar primeros auxilios) _____

   d. _____

4. Tengo un peluquero que...

   a. (saber cortar el pelo con navaja) _____

   b. (no cobrar mucho) _____

   c. (trabajar los fines de semana) _____

   d. _____

Un poco màs

A **Horas de trabajo** Lee este artículo sobre las horas de trabajo en España.

La jornada laboral

Según la legislación

- Jornada máxima ordinaria:
  40 horas semanales.
- Descanso mínimo entre jornadas:
  12 horas
- Máximo horas extraordinarias:
  80 anuales
- Descanso mínimo semanal:
  Un día y medio

Permisos retribuidos

- Matrimonio: **15 días**
- Nacimiento: **dos días**
- Cambio de domicilio: **un día**
- Lactancia: **dos fracciones
  de 1/2 hora al día**
- Embarazo: **los necesarios para
  la salud de la madre**
- Vacaciones: **30 días mínimo**

B **¿Cuántas horas trabajan?** Completa según el artículo.

1. According to new legislation the regular working week in Spain consists of

   _____.

2. Overtime is limited to _____.

3. There must be a minimum _____ break per week.

4. Workers who get married get _____ off with pay.

5. The minimum vacation time with pay is _____.

C **Un anuncio de empleo**   Lee el siguiente anuncio que apareció en un periódico de Costa Rica.

EMPRESA DE SERVICIOS FINANCIEROS
contratará
Supervisores de ventas

Requisitos:
- Ambos sexos.
- Bachiller en Administración de Empresas.
- Vehículo en buen estado (indispensable).
- Experiencia mínima de 5 años en ventas, principalmente en venta de productos financieros.
- Experiencia en supervisión de vendedores.
- Conocimientos amplios de inglés.
- Manejo de paquetes de cómputo.
- Poseer buen trato y relaciones humanas.
- Acostumbrado a trabajar por objetivos.

Beneficios:
- Salario base.
- Comisiones en dólares.
- Capacitación local e internacional.
- Paquete de beneficios adicionales.

Interesados enviar resumen del currículum vitae al apartado postal 1029-2050, San Pedro. El apartado no pertenece a la empresa.

D **¿Cómo se dice?**   Busca la expresión equivalente en español.

1. in good condition _____

2. extensive knowledge _____

3. handling of software _____

4. good manners _____

5. goal oriented _____

6. base salary _____

7. additional benefits package _____

E **¿Qué buscan?** Contesta según el anuncio.

1. ¿El puesto es sólo para hombres o para hombres y mujeres?

   _____

2. ¿Es necesario tener coche para este puesto?

   _____

3. ¿Cuántos años de experiencia piden?

   _____

4. ¿Qué tipo de experiencia piden principalmente?

   _____

5. ¿Qué conocimientos requieren?

   _____

6. ¿Qué información deben mandar los candidatos?

   _____

Mi autobiografía

Is there any particular career that interests you now? What do you have to do to prepare for that career? Tell what kind of job you would like to have. What are some of the requirements for that job? How much do you expect to earn?

Mi autobiografía

CHECK-UP 4

A Escoge.

1. El barbero corta el pelo con _____.
   a. una navaja   **b.** un peine   **c.** una raya

2. Quiero que me lave el pelo con _____.
   a. algodón   **b.** detergente   **c.** champú

3. La señora quiere que le sequen el pelo con _____.
   a. el secador   **b.** las tijeras   **c.** el lavado

4. Hay que lavar la ropa _____.
   a. corta   **b.** sucia   **c.** cara

5. Se debe llevar el traje de lana a _____ para limpiar.
   a. una peluquería   **b.** un lavado   **c.** una tintorería

6. Puedo lavar las camisas porque son de _____.
   a. lana   **b.** algodón   **c.** plástico

B Identifica.

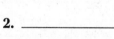
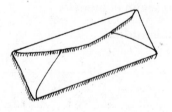

1. _____   2. _____   3. _____

4. _____   5. _____   6. _____

WORKBOOK
Copyright © by The McGraw-Hill Companies, Inc.

¡**Buen viaje! Level 2   Check-Up 4**   175

C Parea.

1. _____ una fiesta hebrea   **a.** el 24 de diciembre

2. _____ el pastel   **b.** la pareja que acaba de casarse

3. _____ los novios   **c.** el 31 de diciembre

4. _____ los parientes   **d.** Hanuka

5. _____ la Nochebuena   **e.** el 6 de enero

6. _____ la víspera de Año Nuevo   **f.** la torta

7. _____ el día de los Reyes   **g.** los tíos, los abuelos, los primos

D ¿Quién trabaja aquí?

1. la alcaldía _____

2. el bufete _____

3. la corte _____

4. la oficina _____

5. la tienda _____

E Escribe frases en el subjuntivo según el modelo.

(estudiar) Yo quiero que ella estudie.

1. (comer) _____

2. (subir) _____

3. (conducir) _____

4. (salir) _____

5. (ir) _____

6. (repetir) _____

7. (dormir) _____

8. (empezar) _____

9. (sentarse) _____

10. (saberlo) _____

F Completa con la forma apropiada del verbo indicado.

1. Ella quiere que ustedes _____ en la esquina. (esperar)

2. Yo prefiero que tú _____ ahora. (salir)

3. La profesora exige que nosotros _____ en español. (hablar)

4. Espero que mis amigos _____ pronto. (volver)

5. Mis padres insisten en que yo _____ buenas notas. (recibir)

6. Es posible que ellos lo _____. (saber)

7. Es necesario que todos _____ a tiempo. (llegar)

8. Ella se alegra de que todos _____ a la fiesta. (venir)

9. Te aconsejo que no _____ con ese muchacho. (casarse)

10. ¡Ojalá que (tú) _____ una buena entrevista! (tener)

11. ¡Quizás (ellos) me _____ un buen empleo! (ofrecer)

12. El cocinero me sugiere que lo _____ por dos minutos. (freír)

G Contesta.

1. ¿Estás contento(a) que ella vaya a la fiesta?

_____

2. ¿Te sorprende que ellos lo sepan todo?

_____

3. ¿Sienten ellos que tú no puedas ir?

_____

4. ¿Se alegra José de que nosotros vayamos?

_____

WORKBOOK
Copyright © by The McGraw-Hill Companies, Inc.

¡**Buen viaje! Level 2 Check-Up 4** ∽ **177**

H Completa con el subjuntivo o el indicativo según el modelo.

venir mañana
Creo que él vendrá mañana.
No creo que él venga mañana.

1. casarse este año

   Dudo que ellos _____.

   No dudo que ellos _____.

2. ser inteligente

   Es cierto que ella _____.

   No es cierto que ella _____.

3. venir a la fiesta

   Estoy segura de que ellos _____.

   No creo que ellos _____.

4. recibir muchos regalos

   Es dudoso que nosotros _____.

   No dudo que nosotros _____.

I Completa con la forma apropiada del verbo indicado.

1. Pedro _____ un puesto. (buscar)

2. Él no _____ trabajar a tiempo completo. (querer)

3. La compañía busca un empleado que _____ trabajar a tiempo completo. (querer)

4. Es necesario _____ la solicitud de empleo. (llenar)

5. Yo conozco una secretaria que _____ mucho de informática. (saber)

6. Necesita una persona que _____ hablar inglés. (saber)

7. Queremos alguien que _____ viajar. (poder)

Audio Activities

CANCIONES

Las mañanitas
Éstas son las mañanitas,
Que cantaba el rey David,
Pero no eran tan bonitas,
Como las cantan aquí.

Despierta, mi bien, despierta,
Mira que ya amaneció.
Ya los pajarillos cantan,
La luna ya se metió.

Cielito lindo
Ese lunar que tienes, cielito lindo,
Junto a la boca,
No se lo des a nadie, cielito lindo,
Que a mí me toca.

Ay, ay, ay, ay,
Canta y no llores,
Porque cantando,
Se alegran cielito lindo,
Los corazones.

De colores
De colores, de colores
Se visten los campos en la primavera,
De colores, de colores
Son los pajarillos que vienen de fuera,
De colores, de colores es el arco iris
Que vemos lucir,
Y por eso los grandes amores
De muchos colores me gustan a mí,
Y por eso los grandes amores
De muchos colores me gustan a mí.

Guantanamera
Yo soy un hombre sincero,
De donde crece la palma.
Yo soy un hombre sincero,
De donde crece la palma,
Y antes de morirme quiero,
Echar mis versos del alma.

Guantanamera, guajira, Guantanamera,
Guantanamera, guajira, Guantanamera.

Mi verso es de un verde claro,
Y de un carmín encendido,
Mi verso es de un verde claro,
Y de un carmín encendido,
Mi verso es un ciervo herido,
Que busca en el monte amparo.

Guantanamera, guajira, Guantanamera,
Guantanamera, guajira, Guantanamera.

Eres tú
Como una promesa eres tú, eres tú,
Como una mañana de verano,
Como una sonrisa eres tú, eres tú.
Así, así, eres tú.

Toda mi esperanza eres tú, eres tú,
Como una lluvia fresca de mis manos,
Como fuerte brisa eres tú, eres tú,
Así, así, eres tú.

Eres tú como el agua de mi fuente,
Eres tú el fuego de mi hogar.

Como mi poema eres tú, eres tú,
Como una guitarra en la noche,
Como mi horizonte eres tú, eres tú,
Así, así, eres tú.

Como una promesa eres tú, eres tú,
etc.

San Fermín
Uno de enero, dos de febrero,
Tres de marzo, cuatro de abril,
Cinco de mayo, seis de junio,
Siete de julio, ¡San Fermín!

Me he de comer esa tuna
Guadalajara en un llano
México en una laguna,
Guadalajara en un llano
México en una laguna.
Me he de comer esa tuna,
Me he de comer esa tuna,
Me he de comer esa tuna,
Aunque me espine la mano.

Dicen que soy hombre malo
Malo y mal averiguado.
Dicen que soy hombre malo
Malo y mal averiguado.
Porque me comí un durazno,
Porque me comí un durazno,
Porque me comí un durazno,
De corazón colorado.

El águila siendo animal
Se retrató en el dinero.
El águila siendo animal
Se retrató en el dinero.
Para subir al nopal,
Para subir al nopal,
Para subir al nopal,
Pidió permiso primero.

Quizás, quizás, quizás

Siempre que te pregunto,
Que cuándo, cómo y dónde,
Tú siempre me respondes,
      quizás, quizás, quizás...
Y así pasan los días,
Y yo desesperando,
Y tú, tú contestando,
      quizás, quizás, quizás...
Estás perdiendo el tiempo,
Pensando, pensando,
Por lo que tú más quieras
Hasta cuándo,
Hasta cuándo...
Y así pasan los días,
Y yo desesperando,
Y tú, tú contestando,
      quizás, quizás, quizás.

La última noche

La última noche que pasé contigo,
La llevo guardada como fiel testigo,
De aquellos momentos en que fuiste mía
Y hoy quiero borrarla de mi ser...
La última noche que pasé contigo
Quisiera olvidarla pero no he podido,
La última noche que pasé contigo,
Tengo que olvidarla de mi ayer...
    ¿Por qué te fuiste,
    Aquella noche,
    Por qué te fuiste,
    Sin regresar?
    Y me dejaste,
    Aquella noche,
    Como recuerdo
    De tu traición...
La última noche que pasé contigo,
La llevo guardada como fiel testigo,
De aquellos momentos en que fuiste mía.
Y hoy quiero borrarla de mi ser.
Y hoy quiero borrarla de mi ser.

El reloj

Reloj, no marques las horas,
Porque voy a enloquecer,
Ella se irá para siempre,
Cuando amanezca otra vez.
No más nos queda esta noche,
Para vivir nuestro amor,
Y su tic-toc me recuerda
Mi irremediable dolor.
Reloj, detén tu camino,
Porque mi vida se apaga,
Ella es la estrella que alumbra mi ser,
Yo sin su amor no soy nada.
Detén el tiempo en tus manos,
Haz esta noche perpetua,
Para que nunca se vaya de mí.
Para que nunca amanezca.
Para que nunca amanezca.
Para que nunca amanezca.

Canción mixteca

Qué lejos estoy del suelo donde he nacido,
Inmensa nostalgia invade mi pensamiento,
Y al verme tan solo y triste cual hoja al viento,
Quisiera llorar, quisiera morir
    de sentimiento. *(Repite)*

¡O tierra del sol!
suspiro por verte,
Ahora qué lejos
yo vivo sin luz, sin amor,
Y al verme tan solo y triste cual hoja al viento,
Quisiera llorar, quisiera morir
    de sentimiento.

El quelite

Qué bonito es el quelite
Bien haya quien lo sembró,
Que por sus orillas tiene
De quien acordarme yo.

Mañana me voy, mañana,
Mañana me voy de aquí.
Y el consuelo que me queda,
Que se han de acordar de mí.

Camino de San Ignacio
Me dio sueño y me dormí.
Y me despertó un gallito
Cantando quiquiriquí.

Mañana me voy, mañana,
Me voy por el nacional,
Adiós muchachas bonitas,
De esta hermosa capital.

Capítulo 1
Un viaje en tren

PRIMERA PARTE

Vocabulario   PALABRAS 1

Actividad A Listen and repeat.

Actividad B Listen and choose.

_____   _____   _____

_____   _____

Actividad C Listen and choose.

1. a b c   4. a b c

2. a b c   5. a b c

3. a b c   6. a b c

Actividad D Listen and choose.

1. sí no   3. sí no   5. sí no

2. sí no   4. sí no   6. sí no

Vocabulario   PALABRAS 2

Actividad E Listen and repeat.

Actividad F Listen and choose.

1. sí no   4. sí no   7. sí no

2. sí no   5. sí no   8. sí no

3. sí no   6. sí no   9. sí no

Actividad G Listen and choose.

1. a b   3. a b   5. a b   7. a b

2. a b   4. a b   6. a b   8. a b

Estructura

Actividad A Listen and choose.

1. a b c   3. a b c   5. a b c

2. a b c   4. a b c   6. a b c

Actividad B Listen and answer.

1. a las siete   3. en tren   5. Emilio

2. a las cinco   4. en el Talgo   6. en segunda

Actividad C Listen and choose.

1. a b c   3. a b c   5. a b c

2. a b c   4. a b c   6. a b c

Actividad D Listen and choose.

1.	presente	pasado	6.	presente	pasado
2.	presente	pasado	7.	presente	pasado
3.	presente	pasado	8.	presente	pasado
4.	presente	pasado	9.	presente	pasado
5.	presente	pasado	10.	presente	pasado

Actividad E Listen and speak.

1. que no   3. que no   5. que van a perder

2. que no saben 4. que van a ganar

Conversación

Actividad F Listen.

Actividad G Listen and choose.

1. sí no   4. sí no   7. sí no   10. sí no

2. sí no   5. sí no   8. sí no

3. sí no   6. sí no   9. sí no

Pronunciación

Actividad H Pronunciación: *Las consonantes ñ y ch*

The **ñ** is a separate letter of the Spanish alphabet. The mark over it is called a **tilde.** Note that it is pronounced similarly to the *ny* in the English word *canyon.* Listen and repeat after the speaker.

señor   otoño   España
señora   pequeño   cumpleaños
año

Ch is pronounced much like the *ch* in the English word *church.* Listen and repeat after the speaker.

coche   chocolate   chaqueta   muchacho

El señor español compra un coche cada año en el otoño.
El muchacho chileno duerme en una cama pequeña en el coche-cama.
La muchacha pequeña lleva una chaqueta color chocolate.

Lectura

Actividad I Listen.

SEGUNDA PARTE

Actividad A Listen.

Actividad B Listen and write.

1. Where is this conversation probably taking place?

   _____

2. What kind of ticket does Gerardo have?

   _____

3. When does Gerardo plan to return?

   _____

4. How much is a one-way ticket?

   _____

5. How much is a round-trip ticket?

   _____

6. What does the young woman suggest?

   _____

Actividad C Listen and write.

	Hora	Destino	Andén
1.	_____	_____	_____
2.	_____	_____	_____
3.	_____	_____	_____
4.	_____	_____	_____
5.	_____	_____	_____

Capítulo 2

En el restaurante

PRIMERA PARTE

Vocabulario   PALABRAS 1

Actividad A Listen and repeat.

Actividad B Listen and choose.

1. sí no	**4.** sí no	**7.** sí no	**10.** sí no
2. sí no	**5.** sí no	**8.** sí no	
3. sí no	**6.** sí no	**9.** sí no	

Actividad C Listen and choose.

1. sí no	**4.** sí no	**7.** sí no
2. sí no	**5.** sí no	**8.** sí no
3. sí no	**6.** sí no	**9.** sí no

Actividad D Listen and choose.

1. a   b   c   5. a   b   c

2. a   b   c   6. a   b   c

3. a   b   c   7. a   b   c

4. a   b   c

Vocabulario   PALABRAS 2

Actividad E Listen and repeat.

Actividad F Listen and choose.

	Carne	Pescado	Marisco	Vegetal
1.	_____	_____	_____	_____
2.	_____	_____	_____	_____
3.	_____	_____	_____	_____
4.	_____	_____	_____	_____
5.	_____	_____	_____	_____
6.	_____	_____	_____	_____
7.	_____	_____	_____	_____
8.	_____	_____	_____	_____
9.	_____	_____	_____	_____
10.	_____	_____	_____	_____

Actividad G Listen and choose.

_____

_____

_____

_____

_____

_____

Actividad H Listen and choose.

1. sí   no   3. sí   no   5. sí   no

2. sí   no   4. sí   no   6. sí   no

Estructura

Actividad A Listen and choose.

1. a   b   c   6. a   b   c

2. a   b   c   7. a   b   c

3. a   b   c   8. a   b   c

4. a   b   c   9. a   b   c

5. a   b   c

Actividad B Listen and answer.

1.

2.

3.

4.

5.

6.

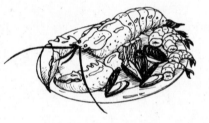

7.

Conversación

Actividad C Listen.

Actividad D Listen and choose.

1. a   b   c   4. a   b   c

2. a   b   c   5. a   b   c

3. a   b   c

Pronunciación

Actividad E Pronunciación: *La consonante x*

An **x** between two vowels is ponounced much like the English *x* but a bit softer. It's like a **gs: examen > eg-samen.** Listen and repeat after the speaker.

exacto   examen
éxito   próximo

When **x** is followed by a consonant, it is often pronounced like an **s.** Listen and repeat after the speaker.

extremo   explicar
exclamar

El extranjero exclama que baja en la próxima parada.

Lectura

Actividad F Listen.

Segunda parte

Actividad A Read.

Restaurante y Bar
La India Bonita
DESDE 1933

Cuernavaca, Mor.

" Cliente Distinguido "
Recibirá 10% de descuento
solo pago en efectivo en comidas y cenas
con bebidas.

Nº 2943

Dwight Morrow 106-B (Casa Mañana) 62000 Cuernavaca, Mor.
Tels. Fax 18-69-67 12-50-21

Actividad B Listen and choose.

1. sí   no   3. sí   no   5. sí   no

2. sí   no   4. sí   no

Actividad C Listen.

Actividad D Listen and choose.

1. ¿De qué trata el anuncio?

    a. Del sol.

    b. De un viaje.

    c. De un restaurante.

2. ¿Dónde está el Sol?

    a. En Cuba.

    b. En el centro de la ciudad.

    c. En todos los países hispanos.

3. ¿Qué tipo de comida sirven?

    a. Solamente comida hispana.

    b. Solamente comida cubana.

    c. Solamente comida mexicana.

4. ¿Cuál es la especialidad los martes?

    a. Masitas de cerdo a la cubana.

    b. Paella valenciana.

    c. Enchiladas de México.

5. ¿Qué se puede hacer por teléfono?

    a. Reservaciones.

    b. Paella.

    c. Pagar.

Capítulo 3

Telecomunicaciones

PRIMERA PARTE

Vocabulario   PALABRAS 1

Actividad A Listen and repeat.

Actividad B Listen and choose.

_____

_____

_____

_____

_____

_____

Actividad C Listen and choose.

1. a   b   c   4. a   b   c

2. a   b   c   5. a   b   c

3. a   b   c

Vocabulario   PALABRAS 2

Actividad D Listen and repeat.

Actividad E Listen and choose.

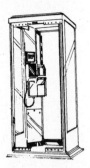

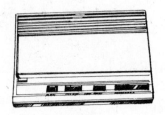

_____   _____   _____

_____   _____

Actividad F Listen and choose.

1. sí   no

2. sí   no

3. sí   no

4. sí   no

5. sí   no

Actividad G   Listen and choose.

1.	a	b	c	**5.**	a	b	c
2.	a	b	c	**6.**	a	b	c
3.	a	b	c	**7.**	a	b	c
4.	a	b	c				

Estructura

Actividad A   Listen and answer.

1.

2.

3.

4.

5.

Actividad B   Listen and answer.

Actividad C   Listen.

Actividad D   Listen and choose.

1.	sí	no	**5.**	sí	no
2.	sí	no	**6.**	sí	no
3.	sí	no	**7.**	sí	no
4.	sí	no			

Conversación

Actividad E Listen.

Actividad F Listen and choose.

1. a b c   4. a b c

2. a b c   5. a b c

3. a b c   6. a b c

Lectura

Actividad G Listen.

SEGUNDA PARTE

Actividad A Listen and identify.

ABC informática

en cartel

Ocio y aprendizaje

① **Guía del navegante de Internet**
PC. Difor Multimedia. Conozca la telaraña

② **El origen de nuestra civilización**
PC. Edicinco
Si es que se puede llamar así (civilización)

③ **Enciclopedia Multimedia Salvat 98**
PC/Mac. Salvat
8.000 artículos nuevos

④ **Espacios naturales de Castilla y León**
PC/Mac. BeM
Rutas sugeridas y accesos

⑤ **Enciclopedia Universal Micronet 6.0**
PC. Micronet
Casi 400 nuevos fragmentos de sonido

⑥ **Gran diccionario de la Lengua Española**
PC. Anaya Interactiva
La última palabra en tecnología

⑦ **Curso interactivo de pintura y dibujo**
PC. Lodisoft. Atrévase a practicar

⑧ **Acceso a la Universidad para mayores de 25**
PC. Producciones Movierecord
Para empezar nunca es tarde

⑨ **E-Atlas**
PC. TopWare. Para no perderse en las calles

⑩ **Batallas de la Historia**
PC/Mac. Softkey. La guerra interactiva

Game over

Actividad B Listen and answer.

País	Prefijo de país	Ciudad	Clave de área
Chile	56	Concepción	41
		Santiago	2
		Valparaíso	32
Colombia	57	Bogotá	1
		Cali	23
		Cartagena	59
		Medellín	4
Ecuador	593	Cuenca	7
		Quito	2
México	52	Acapulco	74
		Cancún	988
		México, D.F.	5
		Puerto Vallarta	322
Nicaragua	505	León	311
		Managua	2
Paraguay	595	Asunción	21

Actividad C Listen and answer.

Actividad D Listen and write.

1. Who left a message?

   _____

2. Where were they when you called?

   _____

3. What were they doing?

   _____

4. How much did they pay?

   _____

5. Can they go with you tomorrow?

   _____

6. Who cannot go and why?

   _____

7. What does your friend need to know?

   _____

8. What does he want you to do?

   _____

9. When will he be able to talk to you?

   _____

Capítulo 4
De tiendas

PRIMERA PARTE

Vocabulario   PALABRAS 1

Actividad A Listen and repeat.

Actividad B Listen and choose.

a.

b.

c.

d.

1. a b c d   5. a b c d

2. a b c d   6. a b c d

3. a b c d   7. a b c d

4. a b c d   8. a b c d

Actividad C Listen and choose.

1. a b c   4. a b c

2. a b c   5. a b c

3. a b c

Vocabulario   PALABRAS 2

Actividad D Listen and repeat.

Actividad E Listen and choose.

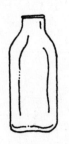

_____   _____   _____

_____   _____   _____

Actividad F Listen and choose.

1. sí no   4. sí no   7. sí no

2. sí no   5. sí no

3. sí no   6. sí no

Actividad G Listen and choose.

1. a b c   3. a b c   5. a b c

2. a b c   4. a b c   6. a b c

Estructura

Actividad A Listen and choose.

	PRETÉRITO	IMPERFECTO		PRETÉRITO	IMPERFECTO
1.	_____	_____	8.	_____	_____
2.	_____	_____	9.	_____	_____
3.	_____	_____	10.	_____	_____
4.	_____	_____	11.	_____	_____
5.	_____	_____	12.	_____	_____
6.	_____	_____	13.	_____	_____
7.	_____	_____			

Actividad B Listen and answer.

Conversación

Actividad C Listen.

Actividad D Listen and choose.

1. a b c   3. a b c   5. a b c

2. a b c   4. a b c

Lectura

Actividad E Listen.

SEGUNDA PARTE

Actividad A Listen and answer.

Actividad B Listen and choose.

1. **a.** Comida.   **b.** Ropa.   **c.** Cheques de viajero.

2. **a.** Sólo para niños.   **b.** Sólo para hombres.   **c.** Para hombres, mujeres y niños.

3. **a.** 20%   **b.** 30%   **c.** 50%

4. **a.** 20%   **b.** 30%   **c.** 50%

5. **a.** Si compras un par, te dan el segundo par.
   b. Te dan un 30% de descuento.
   c. Todos los zapatos de hombre son gratis hoy.

6. **a.** Los zapatos.   **b.** Los abrigos.   **c.** Las corbatas.

7. **a.** Un día.   **b.** Dos días.   **c.** Diez días.

8. **a.** A las 3:00   **b.** A las 6:00.   **c.** A las 10:00.

9. **a.** Con cheque de viajero.   **b.** Con tarjeta de crédito   **c.** Con cheque personal.

Actividad C Listen and choose.

1. _____   3. _____   5. _____

2. _____   4. _____

a.

b.

c.

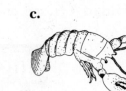

d.

e.

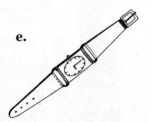

Capítulo 5
Los pasatiempos

PRIMERA PARTE

Vocabulario   PALABRAS 1

Actividad A Listen and repeat.

Actividad B Listen and choose.

1. sí   no

2. sí   no

3. sí   no

4. sí   no

5. sí   no

Actividad C Listen and choose.

1. a   b   c

2. a   b   c

3. a   b   c

4. a   b   c

5. a   b   c

Vocabulario   PALABRAS 2

Actividad D Listen and repeat.

Actividad E Listen and choose.

_____

_____

_____

_____

_____

Actividad F Listen and choose.

1. lógico   ilógico

2. lógico   ilógico

3. lógico   ilógico

4. lógico   ilógico

5. lógico   ilógico

6. lógico   ilógico

7. lógico   ilógico

Estructura

Actividad A Listen and answer.

Actividad B Look, listen, and answer.

1.

2.

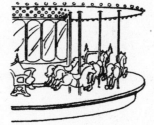

3.

4.

5.

6.

Actividad C Listen and choose.

	AYER	MAÑANA
1.	_____	_____
2.	_____	_____
3.	_____	_____
4.	_____	_____
5.	_____	_____
6.	_____	_____
7.	_____	_____
8.	_____	_____
9.	_____	_____

Actividad D Listen and answer.

1. Alaska / Rhode Island

2. el tren / el avión

3. Roma / Dallas

4. el Empire State Building / la Casa Blanca

5. el oro / la plata

Actividad E Listen and answer.

Conversación

Actividad F Listen.

Actividad G Listen and choose.

1. a   b   c   4. a   b   c

2. a   b   c   5. a   b   c

3. a   b   c

Lectura

Actividad H Listen.

SEGUNDA PARTE

Actividad A Listen and choose.

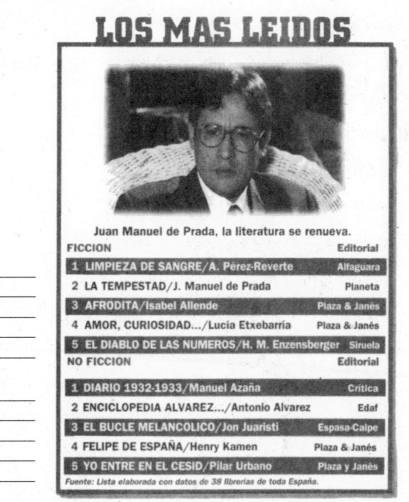

LOS MAS LEIDOS

Juan Manuel de Prada, la literatura se renueva.

FICCION	Editorial
1 LIMPIEZA DE SANGRE/A. Pérez-Reverte	Alfaguara
2 LA TEMPESTAD/J. Manuel de Prada	Planeta
3 AFRODITA/Isabel Allende	Plaza & Janés
4 AMOR, CURIOSIDAD.../Lucía Etxebarría	Plaza & Janés
5 EL DIABLO DE LAS NUMEROS/H. M. Enzensberger	Siruela

NO FICCION	Editorial
1 DIARIO 1932-1933/Manuel Azaña	Crítica
2 ENCICLOPEDIA ALVAREZ.../Antonio Alvarez	Edaf
3 EL BUCLE MELANCOLICO/Jon Juaristi	Espasa-Calpe
4 FELIPE DE ESPAÑA/Henry Kamen	Plaza & Janés
5 YO ENTRE EN EL CESID/Pilar Urbano	Plaza y Janés

Fuente: Lista elaborada con datos de 38 librerías de toda España.

Actividad B Listen and choose.

1. Hablan de _____ .

    a. un crucigrama   **b.** un video   **c.** un libro

2. Ella habla de _____ .

    a. una piragua   **b.** un mimo   **c.** un mono

3. Los muchachos hablan de _____ .

    a. videojuegos   **b.** películas   **c.** libros

4. Ellos están en _____ .

    a. la jaula   **b.** la noria   **c.** el lago

5. La niña está en _____ .

    a. el bote   **b.** el tiovivo   **c.** la boletería

6. Ellos están en _____ .

    a. la sala de juegos   **b.** el sendero   **c.** el zoológico

Actividad C Listen.

Actividad D Listen and choose.

1. a   b   c

2. a   b   c

3. a   b   c

4. a   b   c

5. a   b   c

6. a   b   c

7. a   b   c

8. a   b   c

Capítulo 6
En el hotel

PRIMERA PARTE

Vocabulario — PALABRAS 1

Actividad A Listen and repeat.

Actividad B Listen and choose.

_____

_____

_____

_____

Actividad C Listen and choose.

1.	sí no	**4.**	sí no	**7.**	sí no
2.	sí no	**5.**	sí no	**8.**	sí no
3.	sí no	**6.**	sí no		

Vocabulario   PALABRAS 2

Actividad D Listen and repeat.

Actividad E Listen and choose.

1.	a b c	**4.**	a b c
2.	a b c	**5.**	a b c
3.	a b c	**6.**	a b c

Actividad F Listen and choose.

1.	a b	**4.**	a b	**7.**	a b
2.	a b	**5.**	a b	**8.**	a b
3.	a b	**6.**	a b	**9.**	a b

Estructura

Actividad A Listen and answer.

Actividad B Listen and choose.

	AYER	MAÑANA		AYER	MAÑANA
1.	_____	_____	**6.**	_____	_____
2.	_____	_____	**7.**	_____	_____
3.	_____	_____	**8.**	_____	_____
4.	_____	_____	**9.**	_____	_____
5.	_____	_____	**10.**	_____	_____

Actividad C Listen and choose.

1. a b c   4. a b c

2. a b c   5. a b c

3. a b c   6. a b c

Actividad D Listen and answer.

1. el hotel

2. sí

3. no

4. la camarera

5. sí

6. el mozo

Conversación

Actividad E Listen.

Actividad F Listen and choose.

1. a b c

2. a b c

3. a b c

4. a b c

5. a b c

6. a b c

7. a b c

8. a b c

Lectura

Actividad G Listen.

SEGUNDA PARTE

Actividad A Listen and choose.

1. What is the problem?

   a. The room is too expensive.

   b. There is no private bath.

   c. There is no hot water.

2. What happened?

   a. She forgot her key.

   b. She's dropping the key off at the desk.

   c. She wants to call room 206.

3. What's the matter?

   a. He wanted a double room.

   b. His bed is uncomfortable.

   c. His room isn't clean.

4. What is the man doing?

   a. Asking for a room.

   b. Looking for Mrs. Alvaro.

   c. Cancelling a reservation.

5. What will the receptionist do?

   a. Look for Mr. Romero.

   b. Hold some papers for Mr. Romero.

   c. Buy some newspapers for Mr. Romero.

6. What is the confusion?

   a. They can't find his reservation.

   b. There are two guests with the same name.

   c. The receptionist can't spell his name.

7. What does the lady want?

   a. Information on how to get to the airport.

   b. An airline ticket for tomorrow.

   c. A bus tour of the city.

8. What is *El Mercurio* the name of?

   a. The hotel.

   b. The bellman.

   c. A newspaper.

Actividad B Listen and answer.

HOTELES

Legend:
- $ Costo
- (bed) # de habitaciones
- Restaurante
- Bar
- TV
- AC
- Teléfono
- Piscina
- Yacussi
- Casino
- Discoteca
- Salón de conferencias
- Tiendas
- Tenis
- Vista panorámica

Hotel	Descripción	$	# hab.	Rest.	Bar	TV	Tel.	AC	—	Yac.	Casino	Disco.	Conf.	Tiendas	Tenis	Vista
Hotel Meliá	En el corazón de la zona histórica, es el hotel más antiguo de Ponce	$65-75	78	✓	✓	✓	✓	✓								✓
Holiday Hotel	En la cima de una colina, ofrece una magnífica vista de la Ciudad y del Mar Caribe.	$110-165	120	✓	✓	✓	✓	✓	✓			✓	✓	✓		✓
Ponce Hotel Casino	Moderno hotel de Ponce, con magníficas facilidades.	$140-160	156	✓	✓	✓	✓	✓	✓		✓	✓	✓	✓	✓	
Days Hotel	A minutos del Aeropuerto Mercedita se encuentra este acogedor hotel	$120-157	121	✓	✓	✓	✓	✓	✓	✓		✓	✓			
Hotel Bélgica	A pasos de la Plaza Las Delicias, se encuentra este módico hotel	$40-50	20			✓		✓								
Colonial Guest House	Hermosa casona de estilo neoclásico con varias habitaciones disponibles	$65	10	✓	✓	✓	✓	✓			✓					

Actividad C Listen and write.

1. What is the name of the new hotel?

   _____

2. When did it open?

   _____

3. How many rooms does the hotel have?

   _____

4. What do all the rooms have?

   _____

5. How many restaurants are there?

   _____

6. What is the name of the steak house?

   _____

7. What is the *Nuevo Mundo?*

   _____

8. How was the food at the banquet on Thursday?

   _____

9. What about the meal on Saturday?

   _____

10. How are the guest rooms?

    _____

11. How much is the cheapest room?

    _____

12. What does the critic think of the room prices?

    _____

Capítulo 7
El vuelo

PRIMERA PARTE

Vocabulario   PALABRAS 1

Actividad A Listen and repeat.

Actividad B Listen and choose.

_____

_____

_____

_____

Actividad C Listen and choose.

_____ un chaleco salvavidas

_____ los audífonos

_____ el compartimiento sobre la cabeza

_____ el cinturón de seguridad

_____ la salida de emergencia

_____ el respaldo del asiento

_____ la mesita

_____ la máscara de oxígeno

Vocabulario PALABRAS 2

Actividad D Listen and repeat.

Actividad E Listen and choose.

_____ aterrizar

_____ despegar

_____ la terminal de pasajeros

_____ la pista

_____ la torre de control

_____ el helicóptero

_____ la avioneta

Actividad F Listen and choose.

Estructura

Actividad A Listen and answer.

Actividad B Listen and answer.

Actividad C Listen and answer.

1.	ir / adónde	**4.**	visitar / a quién
2.	viajar / adónde	**5.**	comer / dónde
3.	estar / dónde	**6.**	volver / cuándo

Actividad D Listen and choose.

1. a b c		**5.** a b c
2. a b c		**6.** a b c
3. a b c		**7.** a b c
4. a b c		

Actividad E Listen and answer.

Conversación

Actividad F Listen.

Actividad G Listen and choose.

1. a b c   4. a b c

2. a b c   5. a b c

3. a b c

Lectura

Actividad H Listen.

SEGUNDA PARTE

Actividad A Listen and answer.

Actividad B Listen and choose.

1. sí no   5. sí no   9. sí no

2. sí no   6. sí no   10. sí no

3. sí no   7. sí no   11. sí no

4. sí no   8. sí no   12. sí no

Actividad C Listen and choose.

_____ la piloto

_____ el controlador de tráfico aéreo

_____ el asistente de vuelo

_____ el pasajero

_____ la agente de la línea aérea

Capítulo 8
Emergencias médicas

PRIMERA PARTE

Vocabulario   PALABRAS 1

Actividad A Listen and repeat.

Actividad B Listen and identify.

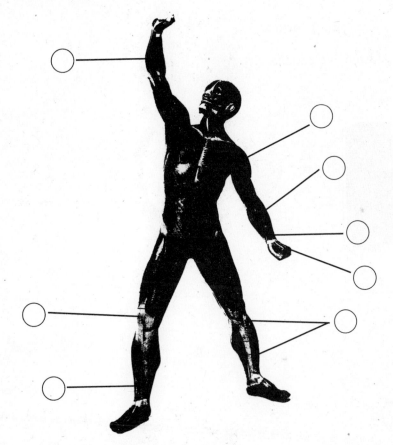

Actividad C Listen and choose.

1.	a	b	c	**4.**	a	b	c
2.	a	b	c	**5.**	a	b	c
3.	a	b	c	**6.**	a	b	c

Vocabulario   PALABRAS 2

Actividad D Listen and repeat.

Actividad E Listen and choose.

_____ una recepcionista

_____ una enfermera

_____ una médica

_____ un paciente

_____ un técnico de rayos equis

_____ un socorrista

Actividad F Listen and choose.

_____

_____

_____

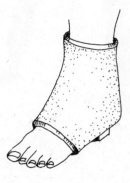

_____

_____

_____

Estructura

Actividad A Listen and answer.

Actividad B Listen and choose.

1. a   b   c   5. a   b   c

2. a   b   c   6. a   b   c

3. a   b   c   7. a   b   c

4. a   b   c

Actividad C Listen and answer.

Actividad D Listen and answer.

1. el técnico

2. la doctora Reyes

3. el Hospital Nacional

4. la Clínica Flores

Conversación

Actividad E Listen.

Actividad F Listen and choose.

a. Mónica   c. la médica

b. Pablo   d. la enfermera

1. a   b   c   d   5. a   b   c   d

2. a   b   c   d   6. a   b   c   d

3. a   b   c   d   7. a   b   c   d

4. a   b   c   d

Lectura

> **Actividad G** Listen.

SEGUNDA PARTE

> **Actividad A** Listen and write.

Hospital   La Merced

33 años sirviendo a la comunidad

NOMBRE: _____

APELLIDOS: _____ EDAD: _____

DIRECCIÓN: CALLE: _____ Nº: _____

ESTADO CIVIL: CASADO(A) _____

SOLTERO(A) _____

VIUDO(A) _____

EMPLEADOR: _____

SEGURO MÉDICO: SÍ _____

NO _____

COMPAÑÍA DE SEGUROS: _____

SÍNTOMAS: _____

_____

REFERENCIA: _____

> **Actividad B** Listen and choose.

1.   a   b   c

2.   a   b   c

Nombre _____   Fecha _____

Actividad C Listen and write.

1. Accidente: sí ___   no ___   Hombre ___   Mujer ___   Edad: ___

    Fractura: sí ___   no ___   Corte: sí ___   no ___

    Brazo ___   Pierna ___   Tobillo ___   Rodilla ___

2. Accidente: sí ___   no ___   Hombre ___   Mujer ___   Edad: ___

    Fractura: sí ___   no ___   Corte: sí ___   no ___

    Brazo ___   Pierna ___   Tobillo ___   Rodilla ___

3. Accidente: sí ___   no ___   Hombre ___   Mujer ___   Edad: ___

    Fractura: sí ___   no ___   Corte: sí ___   no ___

    Brazo ___   Pierna ___   Tobillo ___   Rodilla ___

4. Accidente: sí ___   no ___   Hombre ___   Mujer ___   Edad: ___

    Fractura: sí ___   no ___   Corte: sí ___   no ___

    Brazo ___   Pierna ___   Tobillo ___   Rodilla ___

Actividad D Listen and write.

1. Where should Dr. Arriaga go?

    _____

2. Who is meeting with Dr. Funes?

    _____

3. Where is their meeting taking place?

    _____

Actividad E Listen and write.

Nombre del paciente _____

Domicilio del paciente _____

Número de teléfono _____

Edad en años _____

Peso en kilos _____

Altura en metros y centímetros _____

Observaciones _____

_____

_____

_____

Actividad F Listen and respond.

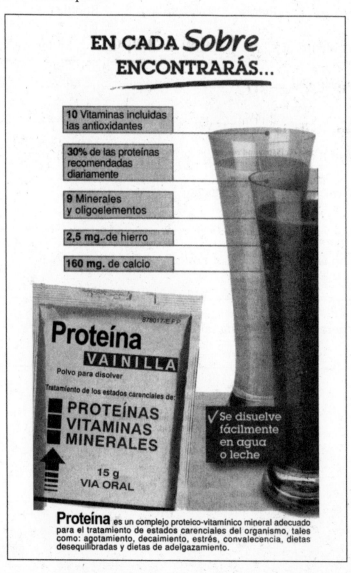

Capítulo 9
Ciudad y campo

PRIMERA PARTE

Vocabulario PALABRAS 1

Actividad A Listen and repeat.

Actividad B Listen and choose.

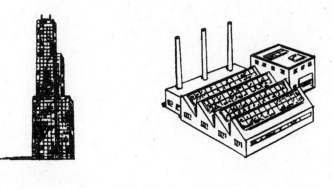

Actividad C Listen and choose.

1. sí   no   5. sí   no

2. sí   no   6. sí   no

3. sí   no   7. sí   no

4. sí   no   8. sí   no

Vocabulario   PALABRAS 2

Actividad D Listen and repeat.

Actividad E Listen and choose.

_____

_____

_____

_____

_____

_____

Actividad F Listen and choose.

_____   la cosecha   _____   el cerdo

_____   la siembra   _____   la gallina

_____   la finca   _____   el maíz

_____   el campesino   _____   la vaca

Estructura

Actividad A Listen and answer.

1. sembrar
2. comer
3. caminar
4. esperar el bus

5. trabajar
6. cosechar
7. viajar

Actividad B Listen and answer.

Actividad C Listen and answer.

Actividad D Listen and answer.

Actividad E Listen and answer.

1. casa
2. vacas
3. tomates

4. ganado
5. manzanas

Conversación

Actividad F Listen.

Actividad G Listen and choose.

1. M   L
2. M   L
3. M   L
4. M   L

5. M   L
6. M   L
7. M   L
8. M   L

Lectura

Actividad H Listen.

SEGUNDA PARTE

Actividad A Listen and answer.

Actividad B Listen and choose.

	EL CAMPO	LA CIUDAD
1.	_____	_____
2.	_____	_____
3.	_____	_____
4.	_____	_____
5.	_____	_____
6.	_____	_____
7.	_____	_____
8.	_____	_____
9.	_____	_____
10.	_____	_____

Actividad C Listen and answer.

Capítulo 10
La cocina hispana

PRIMERA PARTE

Vocabulario   PALABRAS 1

Actividad A Listen and repeat.

Actividad B Listen and choose.

Actividad C Listen and choose.

1. a b c   4. a b c

2. a b c   5. a b c

3. a b c   6. a b c

Vocabulario   PALABRAS 2

Actividad D Listen and repeat.

Actividad E Listen and choose.

1. sí no

2. sí no

3. sí no

4. sí no

5. sí no

6. sí no

7. sí no

8. sí no

9. sí no

10. sí no

Actividad F Listen and answer.

1.

2.

3.

4.

5.

6.

Estructura

Actividad A Listen and answer.

1. García / pelar las papas

2. Pérez y Martín / cortar la carne

3. Garces / preparar la ensalada

4. Darío / agregar sal

5. Álvaro / freír la cebolla

6. Vélez y Duque / tapar las ollas

7. Muchachos / empezar a servir

Actividad B Listen and answer.

Actividad C Listen and answer.

Actividad D Listen and choose.

1. a b c

2. a b c

3. a b c

4. a b c

5. a b c

Actividad E Listen and answer.

Conversación

Actividad F Listen.

Actividad G Listen and choose.

1. sí no

2. sí no

3. sí no

4. sí no

5. sí no

6. sí no

7. sí no

8. sí no

Lectura

Actividad H Listen.

SEGUNDA PARTE

Actividad A Listen and answer.

CARTA

MADRID
DE LOS
AUSTRIAS

NUESTRAS ESPECIALIDADES

Sopa de Cebolla
Merluza al Horno
Cuartos de Cordero Asado
Chuletón de Ternera Parrilla
Callos a la Madrileña
Cocido de Puchero (encargo)

GUARNICIONES

Pimientos Asados
Cebollas Rellenas
Patatas Asadas
Patatas Fritas

TAMBIEN

Jamón de Cumbres
Lomo embuchado
Chorizo de Salamanca
Gambas al Ajillo
Espárragos dos salsas
Ensalada "Posada"
Angulas S/E
Sopa de Cocido
Gazpacho S/E
Revueltos de Ajetes tiernos
Chuletitas de Cordero lechal

Leche Frita
Bartolillos
Helados variados
y Frutas del tiempo

y además nuestras sugerencias del día

Actividad B Listen and choose.

	LA FRUTERÍA	LA CARNICERÍA	LA PESCADERÍA	LA VERDULERÍA
1.	_____	_____	_____	_____
2.	_____	_____	_____	_____
3.	_____	_____	_____	_____
4.	_____	_____	_____	_____
5.	_____	_____	_____	_____
6.	_____	_____	_____	_____
7.	_____	_____	_____	_____
8.	_____	_____	_____	_____
9.	_____	_____	_____	_____
10.	_____	_____	_____	_____

Actividad C Listen.

Actividad D Listen and choose.

1. What day of the week is this program on the air?

   a. Thursday. **b.** Friday. **c.** Saturday.

2. What does she say about the lettuce?

   a. It´s fresh. **b.** It´s expensive. **c.** It´s poor quality.

3. What about tomatoes and potatoes?

   a. They´re too expensive. **b.** They´re not fresh. **c.** They are good buys.

4. What meat is cheap today?

   a. Beef. **b.** Chicken. **c.** Pork.

5. For what product are the prices "sky high"?

   a. Fish. **b.** Shellfish. **c.** Fruit.

6. What has dropped a lot in price since last week?

   a. Fish. **b.** Shellfish. **c.** Fruit.

7. What is excellent and cheap today?

   a. Beef. **b.** Lettuce. **c.** Fruit.

8. What about the Central Market and the Sánchez-Coello supermarkets?

   a. They have the freshest fruit. **b.** They have the best prices. **c.** They have the best meat.

Capítulo 11
El coche y la carretera

PRIMERA PARTE

Vocabulario   PALABRAS 1

Actividad A Listen and repeat.

Actividad B Listen and answer.

Actividad C Listen and choose.

    1. a   b   c   **4.** a   b   c

    2. a   b   c   **5.** a   b   c

    3. a   b   c   **6.** a   b   c

Vocabulario   PALABRAS 2

Actividad D Listen and repeat.

Actividad E Listen and choose.

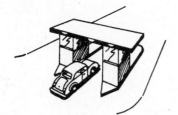

_____

_____

_____

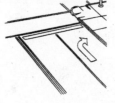

_____

_____

Actividad F Listen and choose.

    1. a   b   c

    2. a   b   c

    3. a   b   c

Estructura

Actividad A Listen and answer.

Actividad B Listen and answer.

    1. esperar   **5.** poner el freno

    2. venir   **6.** decir la verdad

    3. salir   **7.** ser paciente

    4. ir   **8.** hacer una pausa

Actividad C Listen and answer.

Conversación

Actividad D Listen.

Actividad E Listen and choose.

    1. a b c   **3.** a b c   **5.** a b c

    2. a b c   **4.** a b c   **6.** a b c

Lectura

Actividad F Listen.

SEGUNDA PARTE

Actividad A Listen and choose.

PARTICULAR compra MERCEDES 190 o BMW a particular. Ha de ser automático con aire acondicionado y dirección asistida. Matrícula española, extranjera o turística. Pago al contado. Telf: 2352014.

_____

NISSAN VANETTE (MA-AJ). Seminueva, 5 años. Precio a convenir. Tlfo: 103490.

_____

CAMIÓN NISSAN TRADE 2.800. Diesel, con dirección asistida DAT. CA-AJ. En buen estado. Telf: 101123. De 14 a 16 horas.

_____

BMW 3.181. Siniestrado por parte trasera, para desguace. Telf: 631840 (oficina) 678386 (particular).

_____

AUSTIN MAESTRO 1.600 gasolina y MERCEDES 300 B con motor 2.500 gasolina. Telf: 764207.

_____

VOLVO modelo 144. Buen estado. Telfs: 630749 – 693243.

_____

SEAT BL 2.500 D. Dirección asistida, cierre centralizados, eleválvulas eléctricos. Radio casete. Como nuevo. Telf: 104470 (mañanas) 630455 (tardes).

_____

FORD FIESTA último modelo. Interesados llamar al teléfono 761349. De 17 a 20 horas. Dos años de uso.

_____

RENAULT 18, último mod, motor 2.000, aire acond, eleválvulas eléctricas, dirección asistida, cierre centralizado. Guardado en garage. 4500,00 €. Telf: 764590.

_____

BMW 323 inyección CA-AJ, asientos deportivos, llantas de aleación, spoilers completos, ventanilla de techo. Precio 3900,00 €. Telf: 678421 – 104339.

_____

Actividad B Listen and choose.

1. **a.** La Carretera Nacional 4.

   b. El Hospital del Distrito.

2. **a.** En el pueblo de San Marcos.

   b. En una garita de peaje.

3. **a.** Enfrente de una gasolinera.

   b. Al lado de una escuela.

4. **a.** Encontrar el mercado.

   b. Estacionar el carro.

Actividad C Listen and answer.

MEDICIONES

	PORSCHE 911	HONDA NSX
ACELERACIÓN 0–100 Km/h	5,1	5,3
FRENADA HASTA 0 KM Desde 100/140 km/h	35/71 metros	36/72
SONORIDAD A 100/140 km/h	70,3/72,6 dB	72,8/75,9 dB
CONSUMO EN LITROS 100/120/Ciudad Km	8,3/8,6/18,1/100 Km	8,6/9,1/12,6/100
Media	12,3 100 Km	10,4 100 Km

Actividad D Listen and trace.

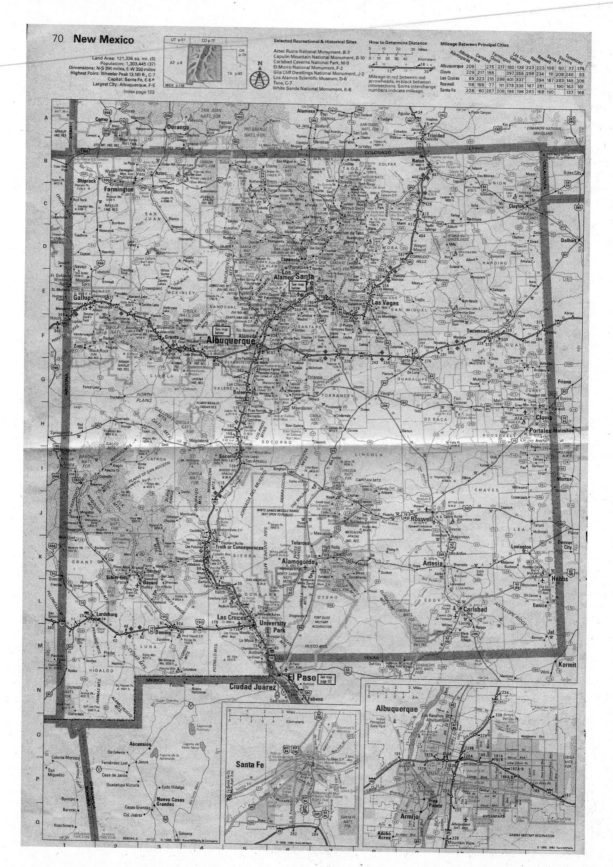

Capítulo 12
Los servicios al público

PRIMERA PARTE

Vocabulario   PALABRAS 1

Actividad A Listen and repeat.

Actividad B Listen and choose.

_____   _____   _____

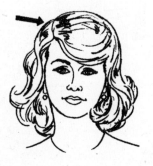

_____   _____   _____

Actividad C Listen and choose.

1. sí no

2. sí no

3. sí no

4. sí no

5. sí no

6. sí no

7. sí no

Vocabulario   PALABRAS 2

Actividad D Listen and repeat.

Actividad E Listen and choose.

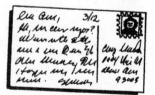

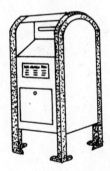

_____   _____

Actividad F Listen and choose.

1. sí   no   4. sí   no

2. sí   no   5. sí   no

3. sí   no

Actividad G Listen and answer.

Estructura

Actividad A Listen and answer.

1. comprar sellos   4. mandar una postal

2. abrir el sobre   5. escribir a los abuelos

3. visitar el correo   6. pesar el paquete

Actividad B Listen and answer.

Actividad C Listen and answer.

1. es probable   5. es importante

2. es mejor   6. es necesario

3. es posible   7. es difícil

4. es bueno   8. es imposible

Actividad D Listen and answer.

1. esperamos   7. Papá quiere

2. es importante   8. ella manda

3. quieren   9. esperan

4. es necesario   10. es necesario

5. el jefe desea   11. es importante

6. es bueno   12. es bueno

Conversación

Actividad E Listen.

Actividad F Listen and choose.

1. a   b   c

2. a   b   c

3. a   b   c

4. a   b   c

5. a   b   c

Lectura

Actividad G Listen.

SEGUNDA PARTE

Actividad A Listen and choose.

	EL CORREO	LA TINTORERÍA	EL BANCO	LA PELUQUERÍA
1.				
2.				
3.				
4.				
5.				
6.				
7.				
8.				
9.				
10.				

Nombre _____ Fecha _____

Actividad B Listen and answer.

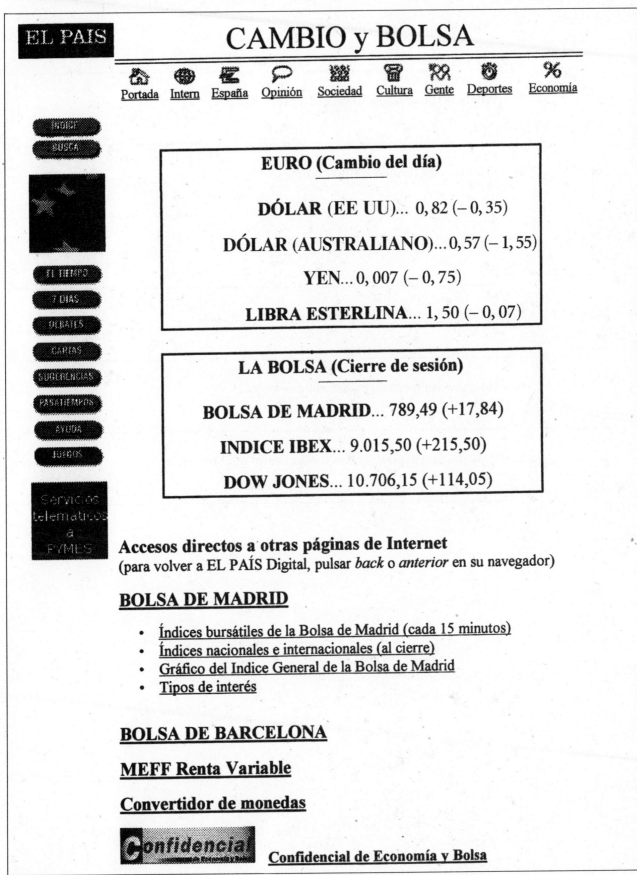

EL PAIS

CAMBIO y BOLSA

Portada Intern España Opinión Sociedad Cultura Gente Deportes Economía

ÍNDICE
BUSCA

EL TIEMPO
7 DÍAS
DEBATES
CARTAS
SUGERENCIAS
PASATIEMPOS
AYUDA
JUEGOS

Servicios
telemáticos
a
PYMES

EURO (Cambio del día)

DÓLAR (EE UU)... $0,82$ $(-0,35)$

DÓLAR (AUSTRALIANO)... $0,57$ $(-1,55)$

YEN... $0,007$ $(-0,75)$

LIBRA ESTERLINA... $1,50$ $(-0,07)$

LA BOLSA (Cierre de sesión)

BOLSA DE MADRID... $789,49$ $(+17,84)$

INDICE IBEX... $9.015,50$ $(+215,50)$

DOW JONES... $10.706,15$ $(+114,05)$

Accesos directos a otras páginas de Internet
(para volver a EL PAÍS Digital, pulsar *back* o *anterior* en su navegador)

BOLSA DE MADRID

- Índices bursátiles de la Bolsa de Madrid (cada 15 minutos)
- Índices nacionales e internacionales (al cierre)
- Gráfico del Indice General de la Bolsa de Madrid
- Tipos de interés

BOLSA DE BARCELONA

MEFF Renta Variable

Convertidor de monedas

Confidencial

Confidencial de Economía y Bolsa

AUDIO ACTIVITIES
Copyright © by The McGraw-Hill Companies, Inc.

¡Buen viaje! Level 2 Capítulo 12 **A63**

Actividad C Listen and write.

1. The price for what item is going up?

   _____

2. Where is the greatest increase?

   _____

3. Who is doña Susana Garamendi?

   _____

4. Why won't the big increase affect most people?

   _____

5. How much more will postcards for overseas cost?

   _____

6. How much more will overseas letters cost?

   _____

7. How much will postal rates for domestic mail increase?

   _____

Capítulo 13
¡Fiestas!

PRIMERA PARTE

Vocabulario   PALABRAS 1

Actividad A Listen and repeat.

Actividad B Listen and choose.

1.

2.

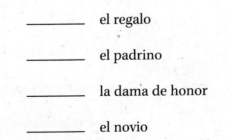

3.

4.

Actividad C Listen and choose.

_____ el regalo

_____ el padrino

_____ la dama de honor

_____ el novio

_____ la orquesta

_____ la boda

_____ la novia

Vocabulario   PALABRAS 2

Actividad D Listen and repeat.

Actividad E Listen and choose.

1. sí   no   2. sí   no   3. sí   no

4. sí   no   5. sí   no   6. sí   no

Actividad F Listen and choose.

1. a   b   c   4. a   b   c

2. a   b   c   5. a   b   c

3. a   b   c   6. a   b   c

Estructura

Actividad A Listen and answer.

1. dormir más   4. servir a los clientes

2. volver mañana   5. encontrar el pasaporte

3. cerrar la puerta   6. repetir la lección

Actividad B Listen and answer.

Actividad C Listen and answer.

1. creo
2. no creo
3. dudo
4. dudo

5. es cierto
6. estoy seguro
7. no creo
8. no dudo

Actividad D Listen and answer.

1. dudo
2. es cierto
3. dudo

4. dudo
5. es cierto
6. dudo

7. es cierto
8. es cierto
9. dudo

Conversación

Actividad E Listen.

Actividad F Listen and choose.

1. sí   no
2. sí   no

3. sí   no
4. sí   no

5. sí   no
6. sí   no

7. sí   no
8. sí   no

Lectura

Actividad G Listen.

SEGUNDA PARTE

Actividad A Listen and answer.

> **SALONES ELEGANCIA** es el lugar perfecto para fiestas elegantes. Para banquetes y todo tipo de fiestas no hay mejor. Desde 1970 es el favorito de los novios para sus recepciones. El ambiente es tranquilo y agradable. En primavera y verano les ofrecemos los banquetes al aire libre en nuestros preciosos jardines. Hay salones para doce o doscientas personas. Tenemos un aparcamiento para hasta cien carros. Y el aparcamiento es gratis.
>
> Puede llamarnos al 22-31-40 o, si prefieren, pueden mandarnos un fax al 22-31-41.

Actividad B   Listen and identify.

1. **a.** Navidad   **b.** una boda   **c.** un cumpleaños

2. **a.** un cumpleaños   **b.** una boda   **c.** Navidad

3. **a.** Hanuka   **b.** Navidad   **c.** Año Nuevo

4. **a.** Año Nuevo   **b.** Navidad   **c.** Hanuka

5. **a.** un cumpleaños   **b.** el Día de los Reyes   **c.** una boda

6. **a.** Año Nuevo   **b.** Navidad   **c.** el Día de los Reyes

Actividad C   Listen and choose.

_____   **1.** Mariana Solís   **a.** Manuel Ugarte

_____   **2.** Miriam Torres   **b.** Francisco «Pucho» Flores

_____   **3.** Sofía Restrepo   **c.** Juan Antonio Manrique

_____   **4.** Gloria Casares   **d.** Felipe Durán

Actividad D   Listen and write.

1. ¿Quién será la madrina de boda de Mariana Solís?

   _____

2. ¿Cuál es la profesión de Juan Antonio Manrique? _____

3. ¿Dónde trabaja Manuel Ugarte? _____

4. ¿En qué mes se casa Sofía Restrepo? _____

5. ¿Qué habrá en el palacio de los Duques de Monzón?

   _____

6. ¿Cómo será la ceremonia nupcial de Sofía Restrepo? _____

7. ¿Qué hace «Pucho» Flores? _____

Capítulo 14
Profesiones y oficios

PRIMERA PARTE

Vocabulario   PALABRAS 1

Actividad A Listen and repeat.

Actividad B Listen and choose.

1.   2.   3.

4.   5.

Actividad C Listen and choose.

	LA OFICINA	LA CORTE	LA CONSTRUCCIÓN	LA TIENDA
1.	_____	_____	_____	_____
2.	_____	_____	_____	_____
3.	_____	_____	_____	_____
4.	_____	_____	_____	_____
5.	_____	_____	_____	_____
6.	_____	_____	_____	_____
7.	_____	_____	_____	_____
8.	_____	_____	_____	_____
9.	_____	_____	_____	_____

Vocabulario   PALABRAS 2

Actividad D Listen and repeat.

Actividad E Listen and answer.

1. un puesto interesante

2. no, tiempo parcial

3. Recursos Humanos

4. una solicitud

5. una entrevista

6. muchas preguntas

Actividad F Listen and answer.

Estructura

Actividad A Listen and answer.

Actividad B Listen and answer.

Actividad C Listen and answer.

Actividad D Listen and answer.

Actividad E Listen and answer.

1. secretaria / hablar / inglés

2. secretaria / hablar / inglés

3. técnico / saber / programar

4. técnico / saber / programar

5. ingeniero / tener / experiencia

6. ingeniero / tener / experiencia

Conversación

Actividad F Listen.

Actividad G Listen and choose.

1. sí   no

2. sí   no

3. sí   no

4. sí   no

5. sí   no

6. sí   no

7. sí   no

Lectura

Actividad H Listen.

SEGUNDA PARTE

Actividad A Listen and choose.

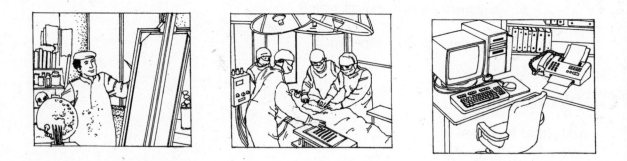

Actividad B   Listen and choose.

Actividad C Listen and choose.

1. **a.** agricultor   **b.** profesor   **c.** médico

2. **a.** juez   **b.** plomero   **c.** dentista

3. **a.** electricista   **b.** contable   **c.** obrero

4. **a.** abogado   **b.** programador de informática   **c.** médico

5. **a.** técnico de laboratorio   **b.** carpintero   **c.** obrero

6. **a.** contable   **b.** plomero   **c.** obrero

7. **a.** funcionario   **b.** secretario   **c.** juez